U0165624

語教學叢書

國順◎主編

客諺

一百首

何石松◎著

五南圖書出版公司 印行

各色花開遍地春
＜客語教學叢書＞總序

　　臺灣是一個多元語族的社會，原住民使用南島語，老住民使用閩南語和客家語，民國三十八年以後移入的新住民，則大致使用國語。其中的國語，隨著五十多年來的大力提倡，已經成為全臺灣最多人懂，最方便溝通的共同語言。閩南語雖然在都會區的年輕一代，稍有弱化現象，但由於使用人口較多，加上媒體傳播的影響，吸引不少其他語族的加入，所以仍能保持旺盛的活力。但是客家話和原住民語，由於人數較少，政經地位較弱，加上媒體使用上的長期禁錮，所以目前正面臨逐漸式微的命運。

　　語言是文化的表徵，而文化是人類共同的瑰寶。多元的文化正如多元的物種，具有相激相盪、互補互利的作用。隨著環保觀念的普及，很多人都知道要保護瀕臨絕種的生物，那麼，瀕臨消亡的語言，也同樣須要加以保護。所以從政治解嚴以後，若干縣市即相繼推行母語教育，雖然當時由於尚無明確的教材大綱，也缺乏正式的教學時間，效果難以彰顯，不過突破禁忌的象徵意義卻不可忽視。終於在民意的促使下，教育部於民國八十二年九月，委任人文及社會科教育指導委員會，著手規劃國民中小學鄉土語言輔助教學相關事宜，研定「臺灣鄉土語言教材大綱」，並從八十五學年度起，與新課程標準同時實施。可惜由於研訂時機是在新課程標準定案之後，既定的各科教學時間難以更動，所以鄉土語言教學只能佔用「團體活動」或「鄉土教學活動」的時間，由各校自行斟酌運用。換言之，鄉土語言教學仍

非正式課程，所以宣示性的意義要大於實質的意義。

　　不過鄉土語言教學實施五年以來，各校雖然未必普遍開課，但是熱心辦理的學校仍然不少，而各縣市大致都曾經指示重點學校試辦，並定期舉辦觀摩教學。這樣可以一方面發現問題，一方面累積經驗，巧妙的起了課程實驗的作用，給即將於九十學年度正式實施的鄉土語文教學，提供了寶貴的參考方向。

　　「國民中小學九年一貫課程暫行綱要」的訂定，是秉持多元文化精神及尊重各族群語文特性之理念，將客家語文、閩南語文及原住民語文列入「語文學習領域」，成為正式課程。其課程目標為：一、了解客家語內涵，建立自信，以為自我發展之基礎；二、培養客家語文創作之興趣，並提升欣賞能力；三、具備客家語文學習之自學能力，奠定終身學習之基礎；四、應用客家語表情達意並能與人分享；五、透過客家語文互動，因應環境，適當應對進退；六、透過客家語文學習認識文化，並認識外國及不同族群之文化習俗；七、應用客家語言文字研擬計畫及執行；八、充分運用科技與資訊，進行客家語文形式與內涵之整理保存，推動科技之交流，擴充臺灣語文之領域；九、培養探索客家語文的興趣，養成主動學習的態度；十、應用客家語文獨立思考、解決問題。如果從設立課程的基本理念來看，就是要培養學生聽、說、讀、寫、作的基本能力，並能在日常生活中靈活應用；培養學生有效應用客家語文從事思考、理解、推理、協調、討論、欣賞、創作和解決問題；培養學生應用客家語文學習各科的能力，擴充生活經驗、拓展學習領域、認識中華文化、面對國際思潮，以因應現代化社會之需求；同時也要指導學習利用工具書，及結合資訊網路，以擴展客家語文之學習，培養學生獨立學習之能力。

　　從課程綱要的內容來看，對鄉土語文教學的要求是全面的，儘管教學時數每週只有一節，但仍把它視為完整的語文課程，從聽和說的

語言訓練，到閱讀和寫作的文字運用教學，樣樣俱全，而不以能說日常用語為已足，這與共同語文的教學要求並無二致。

曾經有人擔心：實施鄉土語文教學，是否會妨礙國家語文的統一？也有人懷疑：鄉土語言仍有一些寫不出字的語音，有全面文字化的可能嗎？其實這是完全不必擔心的。因為：第一、臺灣的共同語已經形成，今後的教育和政治上使用的主要語文，仍舊是國語文，而且在語文領域中，國語文的教學時間為鄉土語文的數倍，它是語文教學的主軸。何況目前幾乎所有的文字資料，幾乎都是以國語文寫成的，就連討論鄉土語文的文章，都使用國語文寫作，甚至字、詞典都用國語解釋，以期擴大閱讀群。所以從各方面判斷，國語文的地位仍將是臺灣語文的主軸。第二、學習鄉土語文不僅不會妨礙國語文的發展，反而對學習國語文有幫助。例如學習客家話，對了解國語文就很有助益，比如〈木蘭辭〉「不聞爺孃喚女聲」，爺孃就是父母，它是南北朝流行的用語，客諺「爺孃想子長江水，子想爺孃擔竿長」，這個詞彙至今仍活在客家人的口語中，所以了解客家語，就更能深刻體會。又客語稱母也叫做「姐」，山歌有道是：「黃巢出世無爺姐，觀音出世無丈夫」，這「姐」字的用法見於東漢許慎的《說文解字》，今天可以藉客語來證明它。又時下流行稱丈夫為「老公」，這也是客家用語，所以方言的使用也可豐富國語的詞彙。至於客語保留完整的陽聲韻和入聲韻，可藉以體會古典詩文的韻味，更是大家所熟知的。這些都是學習鄉土語言有益於國語的實例，相信可以消除問者的疑慮。

至於文字書寫，更不成問題。國語原來也不是有音都有字的，當需要用時可以造字，也可以借字，例如吶、哩、氧、鈾是新造字，「嗎」本是「罵」的俗字，去聲，今讀作輕聲，為疑問助詞，是借字。這些是近代形成而顯然可知的。有些是早已形成而不易察覺的，例如「彼」「此」，國語說「那」「這」，那字從邑部，與地名有

關，所以《說文解字》解其本義為「西夷國」。在先秦典籍裡即有各種用法，如《詩經》「受福不那」，「那」解為多；又「有那其居」則解為安適；在《左傳》「棄甲則那」句中，據顧炎武的解釋，「那」是「奈何」的合音，大約從宋代以後才借為指稱詞「那個」（去聲）的用法，到現代又增加了疑問助詞「那裡」（上聲）的意思，並且為了區別起見，又新造了「哪」字使用。又「這」本是「迎」的意思，見於《玉篇》，自唐代以後又被借為指稱詞「此」，可見這、那，都是借字。

國語用字可以這樣解決，客語用字自然也可以如法炮製。何況客語中很多是本有其字的，只因歷來都不作書面語，才被世人所淡忘，例如客語呼雞的聲音如「朱朱」，其字作「喌」，見於《說文解字》；又客語說把蛋碰破為 kab[8]，其字作磕，又以頭碰壁為 ngab[8]，是磕字的音轉，像這種找本字的工作，只要花些時間便可完成，至於找不到本字的，也有方法可以解決。這在學術界已有不少討論，在技術上是可行的。

真正值得注意的倒是實施方法的一些問題，尤其是學習機會的公平性問題。目前規定國小學生必須就閩南語、客語或原住民語中任選一種修習。學校得依地區特性及學校資源開設閩南語、客家語、原住民語以外之鄉土語言供學生選習。所謂任選一種，原意恐怕是讓學生自由選擇，而且學會了一種之後，也可改學其他一種。問題是假如學校以地區特性或師資缺乏為由，拒開某些課程，那麼有些學生，是否就學不到他想學的語言課程？例如某校有兩名想學原住民語的小孩就讀，如果學校不開原住民語言課程，那豈不是就剝奪他們學習原住民語的權利？目前客家人在城市裡也是散居的，相信也可能碰到同樣的境遇，所以類似這種狀況，是應該事先加以防範的。

鄉土語文教學的目的，是要透過語文學習，去了解以及尊重各族

群文化。所以比較理想的方式是：只要有學生選修，學校就必須開課；其次，每校至少應同時開設兩種以上鄉土語文課程供學生選修，讓學生有機會學習本族群以外的語文。即使學生對於第二種語言只學到一百句或五十句，或僅學到簡單的日用品名稱和問候語，相信對了解和尊重各族群文化，都有正面的意義。最近臺北市準備推出會話一百句，配上各族群語言發音，供學生學習，這是很有創意的做法，值得借鏡。

　　把鄉土語文列入學校正式課程，是我國教育史上的創舉，所以其實施成效必將為全國人民所關注。相信大家都知道，語文絕不止是一種溝通工具，它更承載著深厚的文化內涵。任何一種語文，不僅是這種語族文化賴以維繫的象徵，同時也是人類文化共同的遺產，希望有朝一日，臺灣的電視節目，都有語音選擇，你可以選擇國語、客語、閩南話，也可以選擇各種原住民語；無論你走到臺北或臺東，接觸任何一種鄉土語言，都同樣感到親切，並且還能跟他應對幾句。到那時，臺灣各語族的語言文化都能獲得較好的發展，展現臺灣多元文化的面貌，就像各色花種，遍布大地，共同營造美麗的春天。

　　臺北五南圖書公司，一向以服務教育文化為宗旨，多年來曾出版許多品質優良的教學和參考用書。最近為配合鄉土語文教學的實施，又決定系列推出相關的圖書，「客語教學叢書」就是其中的一種。本叢書以出版中小學教師和學生適用的書籍為主，同時也考慮一般社會人士學習客語和認識客家文化的需要，陸續出版與客家有關的語言、文學、鄉土、歷史、社會風俗及工具性、資料性等各類圖書，以期為教育文化事業盡一分力量，殷切期盼各界賢達，惠予支持，並賜指教！

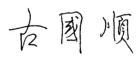

古　序

　　臺灣是多語族的社會，所以在文化上向來呈現百花齊放，絢麗多姿的景象。尤以近十餘年來，隨著經濟繁榮和社會開放的腳步，也加速了各族群語言文化的研究。以客家研究而言，靠著前輩學者的帶動，已經喚起廣大民眾的關心，同時也吸引更多研究者的參與，何石松博士就是其中具有工作熱誠，而且態度執著的一位。的確給這方面的研究，增添一股新的活力。

　　何博士是新竹縣寶山人，操一口純正的海陸腔，曾於六年前協助我編過「臺灣客家話記音訓練教材」，他自己研究並發表的則集中在客話中的經典雅言，以及令子（謎語）和諺語的蒐集與闡釋。最近他把有關諺語的介紹，發表在各大報刊的約兩百篇，先選出一百篇集結成書，題為「客諺一百首」，以應讀者的需求。並且要我在書前寫幾句話。這自然是無法推辭的雅事。

　　諺語是先民智慧的結晶，諺字的結構是從言彥聲，表示「諺」就是彥士之言，即為彥士之言，通常總是簡潔雋永，並且充滿智慧的，所以容易成為流傳的對象。客家先民從中原避亂南遷，到處為客，飽經憂患，歷盡滄桑。即使定居到閩粵山區，或遷徙到臺灣以後，仍須靠智慧和體力，才能與大自然及周遭的社會環境拚搏，以取得立足之地。這些奮鬥的過程，必定留下許多寶貴的經驗和教訓傳給後人，所以客家諺語特別顯得豐富而意義深刻。

　　客諺是客家人日常用語的重要成分，平常人家不論讀過書與否，

總是隨口而出，語氣肯定而意思貼切，且不論是雅是俗，都生動易懂，寥寥幾字即勝過許多話。像「田愛日日到，屋愛朝朝掃」，就是教訓子女耕田須勤勞，居家要整潔；「牛母做，賊母做，橫打直過」，就是教人行為端正，則心膽自壯；「為老不尊，教壞子孫」，就是告誡老年人要自尊自重，做子孫榜樣；「敢做牛，母驚無犁拖」，即勸告年輕人，只要肯吃苦，就不愁失業；「捉貓子，看貓孃」，即教人娶媳婦要先觀察他父母的健康和德性。這些都是一針見血，形象鮮活的語言，而且到現在也不嫌過時。

　　飽讀詩書的人說話可以引經據典，成語連篇，但就語言效果而言，它很可能抵不上一句諺語的巧妙運用。例如你引書經「牝雞無晨」，就不如用「雞公啼係本分，雞孃啼愛斬頭」來得清楚；說「物歸其類」，也不如「人同人好，鬼同鬼好」那樣鮮活。「千拜萬拜一爐香，母當生前一碗湯」，就是勸人「及時行孝」；「講隻影，生隻頸」，就是批評人「捕風捉影」。如果你要勸人聽信老人言，可以引書經：「汝母侮老成人」，也可以引各省通用的諺語：「家有一老，勝有一寶」，但客家人總習慣說成：「無個喂呀公，項項空；無個喂呀婆，項項無」，也說成「母信老人言，終差會了錢，母信老人話，終差變叫化」，這不僅是語境的問題，更是語言習慣的問題。

　　典型的客諺比起其他各地區、各語族的諺語，最大的差別在於詞彙和地域的不同。像「三月午時一陣水，當得禾苗放大肥」，水與肥押韻，水是雨，大肥是水肥；「秋霖夜雨，肥過屎」，雨與屎押韻，過是超過；「人腳狗喙，一燒就睡」，喙與睡押韻，燒是暖；「人愛人打落，火愛人燒著」，落與著押韻，打落是奚落，愛猶言要；「無尾牛假好拂」，假好猶言卻喜歡，拂是擺動，這些都是客語的特徵。又如「零工母好做東勢葉屋，吉天光出門，斷烏正轉屋，兩尾魚脯準笋刺。」東勢葉屋在桃園平鎮鄉，葉屋就是葉家莊，母好是不要，這

話顯示葉家祖先當年克勤克儉的創業精神；「有妹仔毋好嫁銅鑼圈，核擔水，半晝邊。」銅鑼圈指的是桃園縣龍潭鄉西南面的臺地，妹仔是女兒，核音kai陰平聲，挑也；這些除了詞彙，更有地域性的特色。

　　諺語原是通俗易懂的語言，可是由於時代的變遷，今人可能無法完全了解，猶記幼時某年臘月打雷，鄰人驚慌來問先父「此為何兆？」先父引諺：「十二月響雷，豬仔毋使捶。」問者不解，先父隨即說道：「豬仔毋使捶就會死，明年會發豬瘟了。」可見諺語仍是需要解釋。近年來彙集客家諺語及解說客諺的書籍漸多，但是像何兄這樣透過文學手法來說明的仍屬少見，所以他的文章在報刊披露後，廣受大眾歡迎，紛紛要求早日成書，以供閱讀和教學參考，文建會獎助出版，相信也是著眼於此。語言是人類共同的遺產，客諺也是其中的一部分菁華，但願大家一同來傳承，一同欣賞它。

古國順

謹誌於市師語文所

杜　序

　　客家文化乃中華文化中的巨大支流，如湘、資、沅、澧之於長江；而客家族裔據估計已逾一億，散處世界各地，非止於廣東、臺灣兩地。筆者諳知客家族群的團結、苦幹、篤實、節儉精神，於交遊之中，已一一檢驗、證知；尤其驚悚於其撿骨習俗——某人大去之後，經若干年，啟棺而收撿遺骸，追溯其原始意義，其先此的掩埋，乃暫時的處置，這次「撿骨」，乃最後將歸葬於原籍祖先的墓園，其慎終追遠，不忘其先，如此之誠篤，大約係「客家」命名的意義；所以任何姓氏的客家人，縱然如吉普賽人的散居任何地方，仍永遠是客家人，這一習俗所顯示的習性，是何等的不忘本，何等的剛毅，非中華文化薰陶鎔鑄的民族性而何？

　　何教授石松，以隸籍客家，以客族的篤實，剛毅等習性、又久浸漸於客家文化生活之中，而矢志以之為研究的鵠的，選擇了由客家諺語切入的方向，以其受慈母的教誨啟示，此類精粹、後驗的智慧語言，似詩又似偈語，言簡而意賅，意深而味永、且又足為行為的準則，富有格言式的準繩，於是以每一則客諺為主題，出入客家語言、習俗以至歷史，經傳之中，深入而淺出，博觀而約取，發為合情理、通雅俗，而又組織嚴密的篇章，故樂為各報章雜誌所採用，廣大族群所發知，而使此類客諺，幾有成為一時顯學的趨勢。筆者方期其擴大領域，上與揚子方言接軌，通貫許氏說文，薈萃爾雅等，以闡明客家文化的本源，並旁及難解、無解的俗諺，則其貢獻，將無可限制。石

松尤以此自許。而所撰成的一百則客諺，約十五萬言，已獲文建會的資助，而將由五南梓行，自必為博雅君子、客家族群所雋賞。

　　何教授以筆者有一日之長，且相從數十年，情誼日篤，許其為誠信篤實君子、好學不倦的學者。此書出版之前，不忘在遠，請綴蕪詞以憨舊誼，故樂見其成，書此以明其志事與用功之實厚，且寓欣然祝賀於萬里外。

杜松柏

謹誌於美國洛城

二○○一年五月

冠頂詩

客家文化源流遠
諺語多姿韻味長
一字千金真智慧
百花競艷吐芳芳

王甦

自 序

常存客諺地　留與子孫耕

　　語言是文化的表徵，文化是語言的內涵；無文化者固乏優美語言，失去語言，則文化將無所憑依，因此語言之重要，不論自明。今日客家文化傳承之所以尚為客家人所熟知者，其所恃者乃為客家語言，而語言之精者，尤推客家諺語。

　　客家諺語，傳承數千年來民族獨特的芬芳，先民智慧的結晶，豐富經驗的累積，親密感情的交融，人際關係的提煉。甚至寓有天人合一的感應，物我關係的昇華，仁者善心的散發，深情厚意的啟示。時而諄諄長者之言，時而天機妙語之聲。父以教子，兄以教弟。師長親戚友朋，以此而德益篤，思益深，行益中，氣益和，而達致中和，天地位焉，萬物育焉的境界！

　　客家諺語，與客家歷史、文化關係至為密切。我們可從「有做無做，聊到天穿過；有賺無賺，總愛聊天穿」、「天穿無聊苦到死，天穿無聊做到死」這些天穿諺語中，發現到這紀念女媧煉石補天神話而形成的天穿節日，目前客家人仍保有這一習俗；由奉祀女媧的廟宇，如宜蘭補天宮、陝西臨潼驪山老母殿、江西雩都女媧宮、山東承匡山女媧廟、可以探尋客家遷徙的痕跡。更妙的是，臺灣客家天穿日是正月二十日，陝西臨潼的天穿日也是正月二十日，客家確是自古即與中華民族同在。難怪閩西歌謠會說「愛問客家哪裡來，客家來自黃河

邊」，客家文化就是中華文化巨流中的大支，將永垂不朽。

　　客家諺語所顯現的客家生活，是農業文人的文化為主，其刻苦耐勞，樂觀積極，晴耕雨讀，熱愛土地，對自然現象觀察入微，時令氣象掌握準確，所謂「正月雷先鳴，四十五日暗天庭」、「立春落水透清明，一日落水一日晴」、「清明晴，魚子上高坪；清明雨，魚子杈下死」、「未食五月粽，襖婆毋入甕」、「七月落水又起風，十個柑園九個空」、「雲遮中秋月，水打元宵夜」、「冬至月中央，霜雪兩頭光」、「雷打冬，十個牛欄九個空」「水打五更頭，行人毋使愁」……等的諺語，多是農耕經驗的累積，長年觀察的結果。與自然融為一體的心得，不論預報或是警世，多係準確無誤，而且言簡意賅，情味雋永；對偶工整，文字優美；一旦琅琅上口，便終身難忘。難怪孔子云：「吾不如老農」，老農的天機妙語，就是生活的圭臬，行事的指針，氣象的預報，農業文學的結合，自然與人文的交融。諺語本是精美的語言，而客家諺語更具情真韻美，意永味深。

　　客家諺語展現著對人倫生活深刻的體驗，精闢的至理，儒道思想的融合，中庸之道的發揚，如「但存方寸地，留與子孫耕」表現以善德傳子的輝光；「木匠師傅無眠床，地理先生無屋場」是重道不重術的展現；「直腸直肚，一生著爛褲；橫腸吊肚，門前絢馬牯」是有所為，有所不為的執著；「惜花連盆，惜子連孫」是愛屋及烏的真諦；「多子好耕田，少子好過年」展現樂觀積極，中庸之道的思想；「天上大雷公，人間母舅公」顯現著對母舅的尊崇；「斷油不斷醋，斷醋不斷外家路」也是極為重視母系血脈的傳承；「能管千軍萬馬，難管廚房灶下」顯現著對專業與女性的重視；「清明前，好蒔田；清明後，好種豆」更是春秋「時」義的發揮。所謂：「未到八十八，毋好笑人目珠瞎」一又云：「為老不尊，教壞子孫」真是涉世甚深的警語，愛幼教長，處世圓融；「冬至大於年，雞子大於天」展現重本探

源，追源溯流，仁民愛物，大小如一的仁愛思想；「妹愛鉛來哥愛錫，總愛有錫（惜）正有鉛（緣）」顯現了一語雙關的文字修辭美等，可謂花團錦簇，美不勝收。實是客家文人化，生活文學化的美麗境界；故能千秋萬世，互古常存，正是「花開滿園自然香，八月秋風漸漸涼」、「玉蘭有風香三里，桂花無風十里香」。

陳澧云：「嘉應之話（客語），多隋唐以前古音。」客家諺語亦多係經典雅言；因此本書的用字，儘量尋其本字，不用俗字，如：「日後相思莫怨吾」，吾，俗做「𠊎」「斷油毋斷醋 斷醋毋斷外家路」，「毋、m」，俗寫作「唔」，唔，不如毋字的音義明確。如子曰：「毋意、毋必、毋固、毋我」而「外家」亦然，最遲至漢時已有此辭，如史記魏其武安侯列傳：「具宗室外家」、「降子身，無降子心」降，客音ㄍㄧㄨㄥ³/giung³，這字其實是上古音，客語仍然保留，而一般只讀投降的降，和下降的降；降子就是生子，俗寫作供子、恭子等，甚不合原意，不如降子明確，語出楚辭離騷：「攝提貞於孟陬兮，……惟庚寅吾以降。」蔣驥注云：「降，生也。」「家無讓讓公，脈介也係空。」讓讓，語出楚辭九思「群司兮讓讓」等。洪興祖註云：「讓讓，多言也」等等。客語確實多隋唐古音，源遠流長，而客諺更是文字古雅，歷久彌新。

客諺雖可愛，今人多不談；唯恐如此優美語言，意蘊不明，傳承不易，難以垂遠，乃日夕蒐集整理，訪問耆老長輩，而樂在其中。尤其許多近乎失傳的諺語，多來自年登九十的家母口耳相傳，益覺彌足珍貴。躍然有欲仿「唐詩三百首」之體例以成「客諺三百首」之志，然因才疏學淺，每則又欲力圖抉精發微，探賾索隱，求其原本意旨內涵，以為闡發，故進度甚緩，五載以還，始草成一百餘則。其中大多刊於聯合、中時、民眾等報之文章，今乃輯成一百零九則。名以「客諺一百首」者乃取其成數之意。當然，有許多不足之處，其他動物、

植物諺等，盼望未來能收入客諺三百則中。

　　本書得以付梓問世，首先感謝市立師院應用語言研究所古所長的推薦，為客語教學叢書之一；並獲行政院文化建設委員會的獎助，五南圖書公司的慨允發行；求學過程中所有指導過我的師長；更感謝多年指導我的杜老師、王老師，還有養育之恩的父母，照顧我的兄弟，為我犧牲學業的姊姊，及許多親朋好友的鼓勵，及陪伴我走過酸甜苦辣歲月的妻子等，謹此致上無限的祝福與感謝。所謂「爺娘惜子長江水，子想爺娘擔竿長」、「在家母會迎賓客，出路方知少主人」的處世名言，並以惕勵自己！

　　本書每則諺語，均注上漢語音標及注音符號以便閱讀。本書雖歷時五載而成，然限於個人才力，疏漏之處在所難免，還盼讀者先生指教是幸！更盼拙作能拋磚引玉，為客語傳承引發反嚮。正是：常存客諺地，留與子孫耕！

何石松

目　錄

〰〰〰〰〰〰〰〰〰〰〰〰〰〰〰〰 一、人生哲理 〰〰〰〰〰〰〰〰〰〰〰〰〰〰〰〰

二、時令氣象

三、親情倫理

附錄

一、人生

哲理

張秋台　臺灣耕耘系列專輯　堆稻草

但存方寸地　留與子孫耕

dan³	cun⁵	fong¹	cun³	ti⁷
ㄉㄢ³	ㄙㄨㄣ⁵	ㄈㄛㄥ¹	ㄘㄨㄣ³	ㄊㄧ⁷
但	存	方	寸	地

liu⁵	ri¹/i¹	zii²	sun¹	gang¹
ㄌㄨ⁵	ㄖㄧ/ㄧ¹	ㄗ²	ㄙㄨㄣ¹	ㄍㄤ¹
留	與	子	孫	耕

　　方寸地就是一片善心福地，美麗天堂，其地雖小，可以傳之子孫，享之無窮。是修身的圭臬，行為的準則，一旦有此菩薩善心，形諸動靜，必是憂愁之霧盡開，貪嗔之念盡去，眼前展現亮麗晴空，豁然開朗。如此積善之家，必有餘慶，富潤屋，德潤身，更將蔭及子孫。

　　而自奉儉樸的新竹市老婆婆——九十一歲的徐黃貴妹，捐出逾億元的財產作公益事業，興建的家扶中心已正式啟用，造福世人，流惠萬方，不禁令人感動，正是「但存方寸地，留與子孫耕」的最佳典範。

　　觀徐黃貴「妹」，便知她是典型的客家婦女，有此濟世愛人的美德善意，實在是客家人的光榮。其實，很多善行義舉，客家人並未缺席，缺席的只是客語而已，因此，則望家扶中心啟用後，也能增加客

語服務，讓我們深層體驗徐老婆婆的義行，傳承著千年優美客諺薰陶下的美德——但存方寸地，留與子孫耕。

客家婦女的標誌，真是「妹」名滿天下，如穿山甲人仍堅毅樂觀的張四「妹」；全省最高齡人瑞劉宋香「妹」，她們都有美麗的妹名，傳承千載，妹名流芳。可惜今日年輕一代，不但不以此字為榮，反以為恥，令人歎息。溯其源流，妹字之義，在易經歸妹卦之解為「少女之稱」，意即長願客家婦女，永遠美如少女，青春永駐之意。

諺云：條條山歌有「妹」名，更願件件善事有「妹」名，客家人除了不該輕棄優良傳統的好「妹」名外，更不要忘了阿婆用生命寫出的諺語——但存方寸地，留與子孫耕。繼續傳承下去。

范姜明華畫

若愛學問好　必得問三老

na[7]	oi[3]	hog[8]	mun[3]	ho[2]
ㄋㄚ[7]	ㄛㄧ[3]	ㄏㄛㄍ[8]	ㄇㄨㄣ[3]	ㄏㄛ[2]
若	愛	學	問	好

bid[4]	ded[4]	mun[3]	sam[1]	lo[2]
ㄅㄧㄉ[4]	ㄅㄝㄉ[4]	ㄇㄨㄣ[3]	ㄙㄚㄇ[1]	ㄌㄛ[2]
必	得	問	三	老

　　若愛學問好，必得問三老。什麼是三老？三老就是指「老」年人、「老」實人、有「老」經驗的人，如果能常向這三種人請教，無形中可增加見識，又使自己宅心更為寬厚，正確判斷事情，圓融解決問題，真是一舉數得。

　　老年人，走過長久的歲月滄桑，見證許多複雜的風雲變幻，閱歷已多，見識自廣，其沉穩老練，厚重踏實，恐非初出茅廬，涉世未深者所能望其項背，難怪有人說「薑是老的辣」、「我走過的橋，比你走過的路還多」，客諺也說「人人做過十七八，擔竿（扁擔）做過嫩筍來」，正指此也。所謂耆宿碩儒，國之祥瑞；家有一老，如有一寶，而鄉野老成，文獻亦多，閱歷如此豐富之人，而不向他請教，不是太可惜嗎？客諺又說「要信得老人話，免得上壢走下壢」，真可達事半功倍，省去多少冤枉路呢！

老實人，具有開闊胸襟，仁者襟懷，為人寬厚無私，處世公正無比，常存為善之念，永保惻隱之心；勤勤懇懇，溫柔敦厚，以仁存心，以禮立身，以義行事，如此篤厚老實之人，真若孔、孟之徒，顏、閔之輩，不向他們請教，不是一種損失嗎？

老經驗的人，不在年齡之老，而在經驗之豐，學有專精，特具慧眼；剖析事理，正確精到；裁斷事物，深得肯綮；條分縷析，鞭辟入裡，是才學膽識的結合，是智慧經驗的結晶，如此老經驗，最是我們師法學習的對象。

因此，老之真義，不是年齡歲月的衰老，而是知識的內歛，智慧的圓融。成熟沉穩，曖曖含光，甘羅十二不為少，太公八十不為老，若大海渾涵汪洋，包羅萬有，沈鬱深厚，了悟「弟子不必不如師，師不必賢於弟子」的學習態度，沒有貴賤長少之分，道之所存，「三老」之所存，若愛學問好，豈能不去問三老？

羅香妹攝

窮人毋使多　兩斗米會唱歌

kiung⁵	ngin⁵	m⁵	s²	do¹
ㄎㄧㄨㄥ⁵	ㄍㄧㄣ⁵	ㄇ⁵	ㄙ²	ㄉㄛ¹
窮	人	毋	使	多

liong²	deu²	mi²	voi⁷	chong³/cong³	go¹
ㄌㄧㄛㄥ²	ㄉㄝㄨ²	ㄇㄧ²	ㄞㄛㄧ⁷	ㄔㄥ³/ㄘㄥ³	ㄍㄛ¹
兩	斗	米	會	唱	歌

　　窮人毋使多，兩斗米會唱歌。比喻樂天知命，體悟人生的人，不忮不求，不作非分之想，不作額外貪求，更不逞欲逐利，只盼生活所需，足以溫飽，有了兩斗米，就精神愉悅，心滿意足，高興得可以唱歌跳舞，與人為善了。

　　凡是經過飢寒困頓，貧苦挫折而事業有成的人，大多體驗披星戴月的工作，咬薑啜汁的辛苦，恆念物力維艱，於物質生活，必倍加珍惜，容易滿足，不貪求，不浪費，所謂「弱水三千，取一瓢飲；華堂千丈，夜眠八尺」，多之無益。因此，即使只有兩三斗米，也可怡然唱歌，以樂道求進，專務工作，有理想、有目標的追求更高品質的生活。如孔子的三月不知肉味，審音辨律；史遷的一生忍辱負重，發憤著史，就是這種憂道不憂貧的人生執著，一旦能突破困難，卓然有成，其內心的快樂，如蟬蛻登仙，豁然開朗，不是不必兩斗米，就可

怡然唱歌嗎？

　　因此，真正的窮，不是物質的空虛；而是心靈的寂寞。古人說：
「心不通道德謂之心窮，身不通禮義謂之身窮；口不道聖賢之言，謂
之口窮。」並沒有論及物質的窮。而精神煥發，積極向上，則物質富
裕緊跟而來。物質的窮，不是真窮；如若精神浪蕩，中心無主，則萬
貫家財，恐如過眼雲煙，而覺人生乏味。只有物質的富，不是真富。
所以，有了兩斗米就會唱歌的人，不是真正的窮人，而是大道的體悟
者。即如客家先賢范仲淹一樣，幼時無以為炊，為官公正廉明，生活
淡泊自甘，與人為善，身後財產可數，而為宋代第一清流人物，扇清
風於千古，傳美德於萬代，令人欽仰。

　　今日教育普及，經濟富裕，風簷展書，允宜樂天曠達，積極進
取；去取守分，與人為善。不斤斤於所得多寡，不汲汲於名利得失，
而有了兩斗米就會唱歌的人，才不是真正的窮人。

張秋台　臺灣耕耘系列專輯　捻禾拾穗

風來從風　雨來從雨

fung[1]	loi[5]	ciung[5]	fung[1]
ㄈㄨㄥ[1]	ㄌㄛㄧ[5]	ㄘㄧㄨㄥ[5]	ㄈㄨㄥ[1]
風	來	從	風
ri[2]/i[2]	loi[5]	ciung[5]	ri[2]/i[2]
ㄖㄧ[2]/ㄧ[2]	ㄌㄛㄧ[5]	ㄘㄧㄨㄥ[5]	ㄖㄧ[2]/ㄧ[2]
雨	來	從	雨

　　風來從風，雨來從雨。意指要掌握天時，順應時勢，善用自然，因勢利導，對風雨之來，要平常心以待，謹慎心以應，樂觀心以行，有恆心以守，不論是強風暴雨、微風細雨、颱風急雨、旋風雷雨等，皆有因應之道，而進有所依，退有所據。

　　自然變化，免不了颱風下雨。面對風雨之來，其實是降予人們福澤，考驗人類智慧。我們固要享用於平時，也要應之於非常，備之於平日，而用之於一旦，盱衡情勢，高瞻遠矚，如清風明月，則態度悠閒；微風麗日，則心情開朗，至於平地驟起旋風，颱風不時掩至；強風颫之於前，暴雨襲之於後，以致土石流失，山崩地裂，橋斷路阻，房屋坍塌，救援呼叫之聲，此起彼落，則不論風雨多大，月黑風高，也要緊急伸出援手，以應風雨之怒，不只是風來從風，雨來從雨而已。

臺灣為一海島，與風雨關係最密切，先民與風雨搏鬥的歷史也最為悠久。渡海來臺的風狂雨急，出海捕魚的狂風大浪，平日生活中，春日的綿綿陰雨，夏日的颱風暴雨，秋日的西風細雨，冬日的北風怒號，雨雪紛飛，嚴酷的考驗磨鍊，不假辭色，但是，我們對於風雨，仍是不驚不怕，不愁不怨，反而說是風來從風，雨來從雨，化阻力為助力。

我們要適應環境，掌握風雨，以樂觀的態度，積極的面對，謹慎的處理，有恆的堅守，利用大自然，春耕夏耘秋收冬藏，以和風甘霖，種植了五穀雜糧，豐富了作物，沿海高山，平原山谷，漁獲茶菁，禾稻瓜果，使得收成年年不斷，瓜果四時如新。看那雨水衝過的田地，特別肥美；九降風下的柿餅，特別香甜，豈不是風來從風，雨來從雨？

風來從風，雨來從雨，不是消極的應對，乃是積極的作為。熱愛自然，重視環保，則可因風雨之利而利，亦可因風雨之害而利；若果不愛自然，輕視環保，失其天時，恐怕風雨之害無法克服，風雨之利，亦為害矣。

張秋台　臺灣耕耘系列專輯　牽牛下田

和尚無眼　孝子無睡

vo⁵	shong⁷/song³	mo⁵	ngan²/ngien²
ㄎㄛ⁵	ㄕㄛㄥ⁷/ㄙㄛㄥ³	ㄇㄛ⁵	ㄤㄋ²/ㄇㄧㄋ²
和	**尚**	**無**	**眼**

hau³	zii²	mo⁵	shoi⁷/soi³
ㄏㄠ³	ㄗ²	ㄇㄛ⁵	ㄕㄛㄧ⁷/ㄙㄛㄧ³
孝	**子**	**無**	**睡**

　　和尚無眼，孝子無睡。意指和尚職司喪家養生送死之事，於哀慟逾恆的生離死別，早已司空見慣，並無特別感覺，故死者親人雖然哭得死去活來，和尚也安詳自如，若無其事，不曾看見一樣；而孝子則如晴天霹靂的遭逢大慟，幽明永隔，已是搖搖欲墜，悲痛莫名，許多善後工作，尚須一肩挑起，更是連續數夜，不曾闔眼入睡，縱是闔眼，也無法睡著。和尚孝子，二者處境完全相反，想法不同，未能完全感同身受，但亦須設身處地，多替對方著想，以為處世指針。

　　和尚以替死者超度法會，做齋念佛為生，一旦有人死亡，便是生意上門，總須為喪家辦理法會，行禮如儀，已是終身職業，悲觀離合人生無常之生死，幾乎無日無之，早就無甚感覺，即使是最感傷的做齋功德、家祭出殯之際，和尚也處之泰然，談笑自若，於孝子號哭傷感，視若無睹，依舊談笑風生，而有不協調的氣氛，雖不能謂其不恤

生死，但於死生之事，總是一臉漠然。

　　至於孝子，在為其父母料理後事之際，想起偉大恩情，昊天罔極，一旦撒手人寰，永難再見，不免悲從中來，悲傷哽咽，若有所失，恍若有無，神靈搖蕩，甚至天旋地轉，痛苦不堪，不惟不能上床睡眠，即使能睡，也思緒起伏，震盪激烈，無法入眠，何況尚須夜夜守靈，處理千頭萬緒的繁瑣後事，又須接待親友，依禮而行，怎能靜下心神，好好入睡？孝子無睡，實乃其內心深處的感傷，一種善良感恩的天性使然。

　　和尚無眼，實於死生離合之人間悲歡，所見多矣而茫無所覺，非其對於人之生死麻木不仁，好比醫生之於病人開刀，必須以理智專業面對，不能情勝於理；孝子無睡，實於世間唯一之親人，驟然逝去而有「銜恤靡至」之感，豈能安睡無憂？誠乃常情，亦為至理。

　　和尚無眼，固是理智處世的面對，若能以哀矜惻隱之心以待，恐是更為圓滿；孝子無睡，固是孝心的極度發揮，亦須力避「水漿不入口者七日」的過度憂傷，方為節哀順變。如今，世風日下，若流行於今日電子花車、五子哭墓等之有哭無情，有眼無淚，與孝子無睡相較，其去真誠質樸社會，愈益遠矣。

選自北埔光景

口講係風　筆寫係蹤

keu²	gong²	he³	fung¹
ㄎㄝㄨ²	ㄍㄛㄥ²	ㄏㄝ³	ㄈㄨㄥ¹
口	講	係	風

bid⁴	sia²	he³	ziung¹
ㄅㄧㄉ⁴	ㄒㄧㄚ²	ㄏㄝ³	ㄐㄧㄨㄥ¹
筆	寫	係	蹤

　　口講係風，筆寫係蹤。意指口說如風，無所憑依，筆寫有跡，文字為證。重要事情，除了口講之外，別忘了筆寫存真。一般生活，事情簡單，或可一言為定，不必另立字據，以免手續繁瑣，徒增困擾，但如果是家國大事，事涉雙方重大權益，個人切身關係者，自不可止乎口說，必須筆下留蹤，文字為憑，立書為證，方是長治久安之策，宏謨之春秋大業。有供後人以為圭臬，作為指針，薰陶化育，止僻防邪、息爭止訟、謹慎將事之涵義在內。

　　人類相處，必情動於中，而形於言，言之不足，故嗟嘆之。在古代小國寡民、雞犬相聞的社會，民風純樸，彼此以誠相待，以禮交接，言之出口，如同心之言，其臭如蘭；出以至誠，為天地元音，雖係如風，然上以風化下，下以風刺上，或瞬即杳然無可尋覓，然口傳優美故事，早已深入人心，感動不已，故口講係風，真如春風駘蕩，

南風薰然，清風皓月，和風麗日一樣，豈能不為之低首下心，而長存葵藿之傾？只是，年深月久，口傳故事謠諺等，難免有許多失傳，難以蒐尋，如無筆寫為蹤，殊為可惜。

故至後世，人事日繁，交往愈密，放利而行，巧詐頻施，舌粲蓮花，口蜜腹劍，言之於此，意在於彼，禮儀棄置，仁義蕩然，食言而肥，誤盡蒼生，真是信言不美，美言不信，信誓旦旦，滿口仁義，旋即杳如清風，而難覓其蹤，多少弱國為強國所騙，君子為小人所欺，多在口講如風，大而無當，來得神速，去亦無蹤，即使與之對簿公堂，亦空口無憑，缺乏證據，真理蒙塵，邪惡得逞，小人道長，君子道消，徒呼負負，悔之無及，欲語何言？

口講係風，不論穆如清風，或凜冽北風，如多能行之文字，載之典籍，以為歌詠賦誦，或為鑒戒警惕。因為語言一旦落入文字之蹤，則可得真理之明，文學之美，道理之要，事實之根，古今之人生活點點滴滴，音容笑貌，一一呈現，故字之所立，積而成書，書雖不言，千載可得芳蹤；口雖能言，瞬間已付東風矣！

口講如風，旋即消失，筆之文字，萬古長存。然言之不文，行之不遠，大至經典文字，史傳載言，詩詞歌賦、醫農商工、科技新知等傳世寶典，以至人際往還之書信契約、合同收據、生活備忘，財產證明等，莫不形之筆端，立之文字，因其所蹤，得其深旨，不惟終身有託，亦千載為憑，可息爭止訟，止僻防邪，是生活引導的指針，美學的融合。

口講係風，筆寫係蹤，實指語言如風，文字如蹤，欲尋其風，必覓其蹤，欲得其風，必保其蹤，二者相輔相成，各有千秋，宜取長去短，靈活運用。

打千斤石　毋打四兩金

da²	cien¹	gin¹	shag⁸/sag⁸
ㄉㄚ²	ㄑㄧㄢ¹	ㄍㄧㄣ¹	ㄕㄚㄍ⁸/ㄙㄨㄍ⁸
打	千	斤	石

m⁵	da²	si³	liong¹	gim¹
ㄇ⁵	ㄉㄚ²	ㄒㄧ³	ㄌㄧㄛㄥ¹	ㄍㄧㄇ¹
毋	打	四	兩	金

　　打千斤石，毋打四兩金。意指高山頂上千斤重的大石頭，竟然被雨水輕易地沖到溪谷之中；而對細細小小的四兩金子，不只無法把它沖到山谷，就是要動它一動，也困難重重。世間事物，雖有大小，但各有屬性利弊，本不必重此輕彼，不要依恃外表的大而無當，要培養內涵的精緻凝聚，重視品質的提升與永恆。

　　每逢大雨滂沱，山洪爆發，地裂山崩之際，常會看見高山之上，有逾千斤之重的巨大石頭，被洪水從山上沖到山下，從龐然大物到鵝卵細石；甚至雨停之後，還可頻頻聽到巨石不斷滑落，砸毀人車牲畜，造成車毀人亡的慘劇。雨水的後座力之強，不禁令人怵然心驚！

　　看那千斤重的巨石，竟然讓柔弱的無骨的流水沖得亂冒金星，暈頭轉向，絲毫沒有喘氣招架的機會；千斤之石不必弱水三千，就可輕易的被沖走，可是，那不太起眼、纖細微小的四兩金子，其貌小而有

金石之質，不盈一握而成熟穩重，沉甸甸的，穩當當的，雖僅四兩之輕，任憑大水沛然而來，驟然而至，卻也無法將之沖走，反而愈見沉穩，愈挫愈奮，而「深」入有得，比之重逾千斤，浮而無根的巨石，顯然沉穩內斂得多。

千斤石易打，在於其無深厚的著力點，與大地未緊緊地契合無間，環環相扣，凝結一塊，以致外力之來掌控不穩腳步，把握不住重心，輕易的與賴以依恃的大地分離。石之為物，雖壯而無防禦之能，雖大而受制於物，甚為可惜，不若精緻四兩金子，雖小而凝鍊聚結，雖細而站穩腳跟，把握重心，屹立不搖，愈向下紮根，愈見其不受輕侮，即使洪潦大水，也難以撼動分毫。好比牛馬之壯而困於蜂蠆蚊蚋，牛馬之壯易使，蜂蠆之細難驅，實不在壯碩細小。世間之物，不只「打千斤石，毋打四兩金」而已！

此乃形勢在強弱，不在大小：內涵在實質，不在外貌。其大而無當，大而無根者，則千斤之石，任憑雨水沖刷擺布而不知其所止；若小而凝鍊，細而沉穩者，則四兩金子，即使洪水滔天亦莫可奈何？金之與石，各有千秋，各有裨益，人固當師法四兩金之質，而為千斤石者戒，然若能將二者之利合而一之，則不可限量矣！

選自北埔光景

玉蘭有風香三里　桂花無風十里香

ngiug[8]	lan[5]	riu[1]/iu[1]	fung[1]	hiong[1]	sam[1]	li[1]
ㄇㄧㄨㄍ[8]	ㄌㄢ[5]	ㄖㄧㄨˇ/ㄧㄨ[1]	ㄈㄨㄥ[1]	ㄏㄧㄛㄥ[1]	ㄙㄚㄇ[1]	ㄌㄧ[1]
玉	蘭	有	風	香	三	里

gui[3]	fa[1]	mo[5]	fung[1]	Shib[4]/siib[4]	li[1]	hiong[1]
ㄍㄨㄧ[3]	ㄈㄚ[1]	ㄇㄛ[5]	ㄈㄨㄥ[1]	ㄕㄧㄅ[4]/ㄙㄨㄣ[4]	ㄌㄧ[1]	ㄏㄧㄛㄥ[1]
桂	花	無	風	十	里	香

　　玉蘭有風香三里，桂花無風十里香。這句客諺，意指玉蘭與桂花，皆有香氣，只是玉蘭之香須待風而香，桂花之香氣，則雖無風，而可香傳十里。暗示人們宜充實內涵，厚積薄發；不待外力而行益顯，不待宣傳而名益彰。

　　玉蘭與桂花，都是綠葉喬木，每至秋涼時節，即綻放花朵，散發清香；微風拂動，香氣薰然，令人流連忘返。只是，玉蘭花香，待風而動，只傳三里，而且甫經嚴冬，即香消「葉」殞，難覓芳蹤。然而，桂花之香，不待微風，而香氣四溢，不論是朝暉夕月，惠風和暢；或是風恬雨霽，四野無聲，突有異香擁至，不禁驚歎：古木無人徑，深山何處「香」？原來，玉蘭有風香三里，桂花無風十里香；如行雲流水，秋雲卷舒；煙雲繚繞，三日不絕。始知桂花，雖經冬日葉猶在，風定雨落花更香！真是三秋桂子，十里「花香」，此為自然美

景，亦為人生佳境！吾等若能常習孔孟，多讀詩書，舉止談吐，溫文有禮；肚藏萬卷，腹有珠璣；以德為本，以善為根；經世濟民，痌瘝在抱；則玉在山而草木潤，淵生珠而崖不枯，豐富社會內涵，傳諸久遠，豈非桂花無風十里香？

玉蘭有風香三里，桂花無風十里香，俱為吾人師法對象，本不必有品評甲乙之意，然取法乎上，僅得乎中；取法乎中，僅得乎下，則入門不可不正，立志不可不高，所謂「桃李不言，下自成蹊，有實存也；男子樹蘭不芳，無其情也！」豈可去實而取名？孔子也說：「聖賢吾不得而見也，得見君子斯可矣！」因此，不能為桂花，則為玉蘭，以借風之力為善為德，實實在在做有用之民，則桂花不必少，玉蘭不厭多，亦為社會國家之幸。

選自北埔光景

花開滿園自然香　八月秋風漸漸涼

fa¹	koi¹	man¹	ran⁵/ien⁵	zii⁷	rian⁵/ien⁵	hiong¹
ㄈㄚ¹	ㄎㄛㄧ¹	ㄇㄢ¹	ㄖㄢ⁵/ㄧㄢ⁵	ㄗ⁷	ㄖㄢ⁵/ㄧㄢ⁵	ㄏㄧㄛㄥ¹
花	開	滿	園	自	然	香

bad⁴	ngied⁸	ciu¹	fung¹	ciam⁷	ciam⁷	liong⁵
ㄅㄚㄉ⁴	ㄬㄧㄝd⁸	ㄑㄧㄨ¹	ㄈㄨㄥ¹	ㄑㄧㄚㄇ⁷	ㄑㄧㄚㄇ⁷	ㄌㄧㄛㄥ⁵
八	月	秋	風	漸	漸	涼

　　花開滿園自然香，八月秋風漸漸涼。是花團錦簇，綻放花香的喜悅，是仲秋八月，秋風清涼的欣喜；是美景天成，心花怒放的飄逸，是瓜熟蒂落，水到渠成的豐裕；是仁者定靜的思考，是智者成事的欣然。春花與秋風，是實至名歸、情景交融的美景；是深體大道、跨越時空的妙境。

　　不論是灼灼的桃李、或怒放的杜鵑；潔白的李花，或豔紅的石榴；富貴的牡丹，或高雅的幽蘭。一旦百花競放，真是爭妍鬥豔，滿園芬芳；馨香遠逸，美不勝收。是大自然的彩繪，是生命的奔騰；是智者無盡的活泉，仁者永恆的愛心，豐富了大地，美化了人生。有智者必有慧，有德者必有言，有積於內者必散發於外，沉潛厚者必曖曖含光。雖然春花不必有秋實，但秋實多來自春花；花香不必來自春日，但春天花朵卻特別芳香。所謂：春有百花秋有月，夏有涼風冬有雪，一年

好景，以春花為首，真是觸目所見，不僅園中有花，心中更要有花。

　　仲秋八月，秋風漸涼，是成熟的象徵，悟道的開始。看那秋風一吹，衣袂生涼；陰霾盡去，碧空長明；日裡惠風和暢，秋高氣爽；夜來皓月當空，風清露白。秋之所至，滿山秀色；風之所拂，遍地生香。於是，想起了千年文化的傳承，慎終追遠的古風。在八月，隱隱傳來了先民的呼喚，所謂「八月初一大清明」，真是空谷餘音。至今，還有許多客家後裔，部分如張、吳、梁、范姜等族，仍在八月初一掃墓祭祖，保留了古代春秋二祭的遺風，在八月秋風習習吹拂之下，彷彿步上了古道，超越亙古的時空，親炙了先民樸拙向善的臉龐。

　　花開滿園，自然芳香；八月秋風，漸漸清涼。果真是人生境界的深層體悟，自然美景的悅目賞心；是仁者無盡的愛意，智者傳承的芬芳，更是勇者內心的溫暖。活在當下，而思接千載，眼中有春秋美景，意中更有仁者善心。不論一年四季，心中都如春秋之美，可以心中無花，卻不可花中無心，有心之花不必春天而四季長在；可以心中無風，不可風裡無心，有心之風不必秋天而涼入心脾。如此晶瑩剔透，而不必拈花，即為「花開滿園自然香，八月秋風漸漸涼」的真諦。

月到十五光明少　人到中年萬事休

ngied⁸	do³	shib⁸/siib⁸	ng²	gong¹	min⁵	shau²/seu²
ㄆㄧㄝㄉ⁸	ㄉㄛ³	ㄕㄧㄣ⁸/ㄙㄨㄣ⁸	ㄆ²	ㄍㄛㄥ¹	ㄇㄧㄥ⁵	ㄕㄠ²/ㄙㄝㄨ²
月	到	十	五	光	明	少

ngin⁵	do³	zhung¹/zung¹	ngien⁵	van⁷	sii⁷	hiu¹
ㄆㄧㄣ⁵	ㄉㄛ³	ㄓㄨㄥ¹/ㄗㄨㄥ¹	ㄆㄧㄢ⁵	ㄞㄢ⁷	ㄙ⁷	ㄏㄧㄨ¹
人	到	中	年	萬	事	休

　　「月到十五光明少，人到中年萬事休」是句見景生情、由情入理、體驗盛年不重來，隨時宜自得的客諺。意指明月在農曆十五以後，形體日漸殘缺，光芒日漸減少，吾等在賞月之餘，亦感人類也是如此，尤其是在中年以後，形貌日老，血氣漸衰，待人處世，宜開朗曠達，息怒止爭，休去逞強計較，保持心胸舒泰，平和愉悅。

　　中天明月，每到十五，必豐腴圓滿，清月流輝，白光耀金，皎潔無比。只是月圓之後，必會月缺；絢爛之後，必趨平淡。這即如春秋遞變，日往月來；陰晴圓缺，生老病死等世間事物，事有必至，理有必然，面對這種自然變化，心胸世界實宜開朗，思路感情世界也要高舉飄逸。深體日中而昃，月滿而虧；盛極而衰，剝極必復的道理。尤其是到了中年以後，切不可仍如年輕時的血氣方剛，好勇鬥狠，一言不和，睚眥必報；或欲深谿壑，流連聲色犬馬，徵逐酒色財氣；怠於

工作職責，疏於家庭倫理。

　　月過十五光明少，人到中年萬事休，真要靜觀玉輪，以月為師；
讓我們體會中年山頂弄月的飄然，不是消極的退縮，而是積極的得
道；是事業學問的旁通，人際關係的圓融；養生保健的圭臬，曠達包
容的指針。體驗盛衰有時，泰然恬淡的至樂，凡事掌握要妙，深悟明
月天心，休惹無謂爭端，開創人到中年的另一妙境。

選自北埔光景

相逢好似初相識　到底終無怨恨心

siong[1]	fung[5]	ho[2]	sii[7]	cu[1]	siong[1]	shid[4]/siid[4]
ㄒㄧㄛㄥ[1]	ㄈㄨㄥ[5]	ㄏㄛ[2]	ㄙ[7]	ㄘㄨ[1]	ㄒㄧㄛㄥ[1]	ㄕㄧㄉ[4]/ㄙㄉ[4]
相	逢	好	似	初	相	識

do[3]	dai[2]	zhung[1]/zung[1]	mo[5]	rian[7]/ien[3]	hen[7]	sim[1]
ㄉㄛ[3]	ㄉㄞ[2]	ㄓㄨㄥ[1]/ㄗㄨㄥ[1]	ㄇㄛ[5]	ㄖㄧㄢ[7]/ㄧㄢ[3]	ㄏㄣ[7]	ㄒㄧㄇ[1]
到	底	終	無	怨	恨	心

　　記得幼時跟隨祖父用客語誦讀增廣昔時賢文，至今猶覺書聲琅琅。其中有句「相逢好似初相識，到底終無怨恨心」，本為各族共同文化資產，如今也是客家諺語。意指人之相處，每次相逢，總要以禮相待，有歡喜心，都好像是初次相識一樣；縱然是年深日久，長期相對，不論錦衣玉食，或係啜菽飲水，也要甘之如飴，無怨無悔，更不可由愛生恨，害人害己，才是君子之交，永恆而安詳。

　　夫妻生活，本應甜蜜無比；同學相處，也要親愛多情。但每次相逢，在溫暖的內心深處，表現於外的也要文質彬彬，好似初次相識一樣，即所謂發乎情，止乎禮義。這種情，可以永恆，可以無限；這種禮義，放諸四海，而皆合宜，不是激情的欲生欲死，不是解放的無規無矩，心中有秤，意中有鉈，從頭到尾，自始至終，都能相看兩不厭，唯有眼前人，沒有偏邪蕩逸，更無怨恨之心，才是春風麗日，和

樂安詳的社會。古時越地風俗，初次與人交往，便要封土祭壇，唱起歌詩，長願「君乘車，我戴笠，他日相逢下車揖；君擔簦，我跨馬，他日相逢為君下。」（他年不論是誰青雲得意，飛黃騰達，也要深情一如往昔，以禮相待）可真令人動容！還有許多以義相許的生死之交，至性至情的八拜之交；純樸至誠的縞紵之交，手帕之交，夫妻情深的舉案齊眉，宋弘不棄糟糠，可謂貧賤之交不可忘，糟糠之妻不下堂，正是相逢好似初相識，到底終無怨恨心。

於是，使得本是詩禮簪纓之族，人文薈萃的中國，更成了禮義之邦，規範人之相處，不論識與不識，都要以仁存心，以禮立身，以義行事，初次相識的新鮮欣喜，固然要款之以禮；久別重逢的溫馨喜悅，也要以禮相待；而朝夕相處，日日見面的夫妻朋友同窗，更要相敬如賓，不宜逾越規矩，亂了倫理，唯有常存初次相逢的驚喜，才有仁愛敬重之意；唯有永保長期友誼的包容體諒，才不致萌生怨恨之心。想那素不相識的男女，結為恩愛的夫妻；由來自四方的陌生客，成為知己的同窗，在親熱交往，推心置腹之餘，更宜持盈保泰，保持適當距離，避免激情過後，由情生怨，由愛生恨，愛恨交織，難以自持；「情」衰愛弛，嫌隙滋生，以致反目成仇，禍起蕭牆，變生肘腋，校園喋血，天人永隔，不幸一失足成千古恨，再回頭已是百年身！

相逢好似初相識，初看無情卻有情；情深以禮存厚道，到底終無怨恨心。始知甘如甜蜜的深情，雖然美好，一旦逾越法理，總易變質；恬淡如水的君子之交，敬愛無失，遵循正道，可保永恆，則相逢好似初相識，又何怨恨之有哉？

取得經來唐僧愛　惹下災禍行者當

ci²	ded⁴	gin¹	loi⁵	tong⁵	sen¹	oi³
ㄑㄧ²	ㄅㄝㄉ⁴	ㄍㄧㄣ¹	ㄌㄛㄧ⁵	ㄊㄛㄥ⁵	ㄙㄝㄣ¹	ㄛㄧ³
取	得	經	來	唐	僧	愛
ngia¹	ha⁷	zai¹	fo³	hang⁵	zha²/za²	dong¹
ㄫㄧㄚ¹	ㄏㄚ⁷	ㄗㄞ¹	ㄈㄛ³	ㄏㄤ⁵	ㄓㄚ²/ㄗㄚ²	ㄉㄛㄥ¹
惹	下	災	禍	行	者	當

　　月前，當達賴的梵音陣陣響起，臺灣的心靈改革也高唱雲霄之際，寶島撲殺豬隻的行動卻如火如荼的展開，那顯得多麼不協調，然而，萬方有罪，豈是罪在陷於柵欄的豬隻？牠們全族，擔承如此不能承受之重，果如客諺所云：「取得經來唐僧愛，惹下災禍行者當。」

　　長期以來，臺灣犧牲了環保，畜養了千萬豬隻，除了為國家賺取億萬的財富之外，還供應國人三餐的朵頤，豬農與豬隻功莫大焉，一旦紕漏百出，唯「豬」是殺！無病者「電」，發病者「屠」，一夕之間，豬倫慘變！只有歷史上兩軍戰爭才有的罕見鏡頭，竟然驚心動魄，一幕一幕地呈現眼前！豬隻有靈，恐當泣訴！這不是一「取得經來唐僧愛，惹下災禍行者當」嗎？

　　以前農業社會家庭小規模的養豬，多在柵欄之外順便養隻猴子，據說可以避免豬瘟傳染，以作不測的示警作用。不論效果如何，總有

凡事豫立的戒懼心理，所謂「猴死豬哥也無命。」（猴子一旦得瘟疫死亡，豬隻恐怕也難倖免；而在猴子一得瘟疫之時，就應展開防疫工作），有唇亡齒寒，慮患於微，防患未然之意，因此，極少豬瘟蔓延。如今，疾疫已生，但願菩薩善心配合全民智慧，將口蹄疫疾的後遺症減至最低，更要將「行者」的緊箍咒撤除，以再尋農業之春，推之他事，亦然。

選自北埔光景

時到時當　無米煮蕃薯湯

shi⁵/sii⁵　　do³　　shi⁵/sii⁵　　dong¹

ㄕ丨⁵/ㄙ⁵　　ㄉㄛ³　　ㄕ丨⁵/ㄙ⁵　　ㄉㄛㄥ¹

時　　到　　時　　當

mo⁵　　mi²　　zhu²/zu²　　fan¹　　shu⁵/su⁵　　tong¹

ㄇㄛ⁵　　ㄇ丨²　　ㄓㄨ²/ㄗㄨ²　　ㄈㄢ¹　　ㄕㄨ⁵/ㄙㄨ⁵　　ㄊㄛㄥ¹

無　　米　　煮　　蕃　　薯　　湯

　　時到時當，無米煮蕃薯湯。意即：做事切忌操之過急，要理智面對困難，忍住短暫窮苦，樂觀奮鬥，縱然失之於此，也可得之於彼。

　　舊時客家人聚居之地，山多而田少，白米價貴而蕃薯低廉，雖然米珠薪桂，但蕃薯卻滿山遍野，隨處可得，沒有匱乏之憂，三餐煮飯，都要摻雜蕃薯，摻得愈多，表示米糧缺乏；摻得愈少，大概是小康之家，裝飯時，多去蕃薯而取白飯，萬一真的沒米煮飯，就只好吃蕃薯湯啦！其實，也別抱怨，蕃薯營養價值高，真正伴我們度過了滄桑艱難的歲月。

　　因此，當我們遇到窮困挫折，心頭煩亂而不知如何解決之際，總會樂天知命，互相勉勵說：時到時當，無米煮蕃薯湯。別太杞人憂天，事緩則圓，船到橋頭自然直啊！

　　如今，時移境遷，風水輪流轉，蕃薯價格也不便宜，烤蕃薯已成

新人類的最愛，當我們再度說出「時到時當，無米煮蕃薯湯」時，蕃
薯可還真不易買到呢！

羅香妹攝

人害人　肥漬漬　天害人　正出骨

ngin⁵	hoi⁷	ngin⁵	pui⁵/pi⁵	zud⁴	zud⁴
ㄫㄧㄣ5	ㄏㄛㄧ7	ㄫㄧㄣ5	ㄆㄨㄧ5/ㄆㄧ5	ㄗㄨㄉ4	ㄗㄨㄉ4
人	害	人	肥	漬	漬

tien1	hoi7	ngin5	zhang3/zang3	chud4/cud4	gud4
ㄊㄧㄢ1	ㄏㄛㄧ7	ㄫㄧㄣ5	ㄓㄤ3/ㄗㄤ3	ㄔㄨㄉ4/ㄘㄨㄉ4	ㄍㄨㄉ4
天	害	人	正	出	骨

人害人，肥漬漬（身體壯健而有肉）；天害人，正（才）出骨。意謂人與人間的惡鬥，不惟陷害不到別人，反而成就他絕處逢生，意氣風發，更為有成，自己卻入於萬劫不復之地；至如上天害人，則非同小可，不只害得他淒淒慘慘，形銷骨立，甚至骨肉分離，而一蹶不振。有要掌握人道，更要順應天道的涵義在內。

人有向善求道之志，亦有貪嗔為惡之心；有天理，也有人欲；一旦貪嗔人欲勝過向善天理，則盜竊亂賊，為非作歹之事無所不為，為了貪圖一己之欲，便將一切可能阻礙自己私欲者，皆視為眼中釘，欲除之而後快。於是，睚眦必報，流血五步；利欲薰心，殘害同胞；或笑裡藏刀、設計誣陷：或貪財好色、鋌而走險，全未顧及他人，只逞一己之快，正在提刀四顧、得意洋洋之際，忽然，警騎掩至，案情水落石出之日，正是鋃鐺入獄之時，輕者名譽掃地，重者敗家亡身，悖

而入者，亦悖而出，所為之非，加倍懲罰。

　　遠者如龐涓害孫臏，反而成就其一代英名；近者如層出不窮之勒贖搶劫、恐嚇威脅等，反使銀行安然無恙，日益壯大，己身則為階下囚矣！

　　至如上天害人，其殺傷力之大，則相倍蓰而不可等閒視之。所謂天害人，即指天災而言，如星墜木鳴，颱風肆虐；水患汪洋，洪水氾濫；地裂山崩，屋毀人亡等，少則數十百人死於非命，多則幾千萬人不知所終或無家可歸，令人驚心動魄，餘悸猶存。

　　尤其是那毫無預警的大地震，地動山搖，轉瞬之間，高樓大廈頓成殘垣頹壁，青山綠水扭曲變形；繁華村莊成蕭條廢墟，同胞骨肉生離死別；遍地狼藉，皮裂骨出；作物泡湯，生靈塗炭，生命財產損失不計其數，始知上天害人，竟是毫不留情，豈只是瘦成一把骨頭而已。

　　人害人，縱逞一時之欲，終蒙不義之名，且未必為其所害；而天害人，則雖難以捉摸，實亦有跡可尋。

　　同胞骨肉何不轉移害人之精力，發揚仁愛相處之道，同心協力，去其不合理之人欲，遵循大自然的天道，敬天如父，愛地如母，不污染不破壞，不濫伐不濫墾，珍惜大自然每一份資源，順天道而行，制天命而用，未雨綢繆，計慮周詳，則雖天欲害人，亦可人定勝天，避其骨出肉綻矣！

選自北埔光景

食十足　著九六　賭對半　嫖空空

shid⁸/siid⁸	shib⁸/siib⁸	ziug⁴	zhog⁴/zog⁴	giu²	liug⁴
ㄕ ㄅㄣ⁸/ㄥㄅㄣ⁸	ㄕ ㄅㄣ⁸/ㄥㄅㄣ⁸	ㄗ ㄨㄍ⁴	ㄓㄛㄍ⁴/ㄇㄛㄍ⁴	ㄍ ㄧㄨ²	ㄌ ㄧㄨㄍ⁴
食	十	足	著	九	六

du²	dui³	ban³	piau⁵/peu⁵	kung¹	kung¹
ㄅㄨ²	ㄅㄨ ㄧ³	ㄅㄢ³	ㄆ ㄧㄠ⁵/ㄆㄝㄨ⁵	ㄎㄨㄥ¹	ㄎㄨㄥ¹
賭	對	半	嫖	空	空

　　食十足，著（音ㄓㄨㄛˊ）九六；賭對半，嫖空空。這是一首發
人深省的警世諺語。意指衣食嫖賭四者之中，衣食為本，嫖賭為末，
寧食勿賭，寧著勿嫖。

　　因為，飲食是最完全的吸收，絲毫不會浪費；穿衣雖非四季如
新，但蔽體暖身則效果如一，可發揮九成六的功效；而朋辟聚賭，則
非贏即輸，用力雖勤，則僅有一半成果；至如遊蕩尋歡，青樓嫖妓，
則所獲如過眼雲煙，水中撈鹽，一無所有而後悔已遲。

　　長期以來，我們都把飲食當作像天一樣大的事情看待，因此，自
古即有「民以食為天」的說法。飲食，對人類極為重要，可以補充營
養，充沛體力；提振精神，維持生命，故一日不食則疲，二日不食則
困，十日不食，雖不死亦奄奄一息矣。稍微飲食，便可十足吸收，恢
復體力，發揮百分之百的效果。

記得鄉里長輩早晚見面打招呼，首先關心對方飲食，而說「汝食飽未（ㄇㄤ）」，如尚未進食，還會請對方趕快來吃飯。吃飯時，最為尊貴，於是便說「吃飯皇帝大」，切不可惡言相向，或責打小孩，以免影響食慾，兼具倫理衛生的功能，寧可多吃一些，也不可隨意拋棄，即是「飽食」，不可「飽爽（失）」之意。

至如衣著，雖無飲食那般十足效果，但亦有九成六的功效，價值頗為可觀。何況，衣服不只蔽寒而已，尚有審美藝術之無形價值，也是人際關係的禮貌行為，其重要地位不可言喻。只是，極少人將衣服穿至短褐穿結，破洞纍纍才予丟棄，或許稍稍陳舊或縮水，就又另置新衣，但至少都已達九成以上的功效。

至於賭博，則其志不在經國，無益民生，雖面向而坐，而各蓄異志，貪欲逐利，各懷鬼胎。即使日夕勞神苦思，不過收穫一半而已，而且曠日廢業，日夜顛倒，惟利是視，神迷體倦，輸之未甘，贏之未足，欲乘勝追擊，卻愈陷愈深，不能自拔，贏不敷輸，所求不遂，意志消沈，無精打彩，廉恥意弛，忿戾色發，賠上身家財產者，不可勝數。

而七情六慾，危害最深者，莫過於嫖。此種不正常男女關係，可使人敗德喪身，傾家蕩產，英雄屈志，文士辱身，妻子求去，家庭破碎，積蓄財產，一切蕩蕩空空，化為烏有，回首前塵，蕭然入目，甚至疾病纏身，痛苦一生，屍橫刀下，命喪黃泉。昔者西（門慶）潘（金蓮）畸戀，因而隕身亡家；（杜牧）青樓尋春，不過贏得薄倖之名；今者多少社會暴戾事件，亦多由色欲嫖妓而生，確是萬惡淫為首，嫖為引罪媒。

衣食嫖賭，固是飲食男女，人之大欲，然則衣食為基本需求，嫖賭卻為入罪之階，邪僻之門。賭博場上無父子，嫖字當頭無親情。衣食有九成十足之功效，嫖賭則蕩蕩空空，如飲鴆止渴，愈陷愈深，化為灰燼，悔無及矣。

交官窮　交鬼死　交牛販　蝕了米

gau¹	gon¹	kiung⁵	gau¹	gui²	si²
ㄍㄠ¹	ㄍㄛㄣ¹	ㄎㄧㄨㄥ⁵	ㄍㄠ¹	ㄍㄨㄧ²	ㄒㄧ²
交	官	窮	交	鬼	死
gau¹	ngiu⁵	fan³	shid⁸/siid⁸	liau²	mi²
ㄍㄠ¹	ㄫㄧㄨ⁵	ㄈㄢ³	ㄕㄧㄉ⁸/ㄙㄉ⁸	ㄌㄧㄠ²	ㄇㄧ²
交	牛	販	蝕	了	米

人們彼此交往，要正心誠意，堅守善道，不可意圖僥倖，貪小便宜，尤其是與深不可測的官員、神鬼、牛販來往，更應謹慎小心，不能有任何貪嗔之念，否則，就落入客諺所云：「交官窮，交鬼死；交牛販、蝕了米」的下場。

舊時社會，官員如父母，權大勢大，升斗小民，難得一見官員，一旦遇見，以為如逢財神，有所依靠，自動投懷送抱，乘機巴結賄賂，盡一切籠絡之能事，甚至「踏牛糞，傍官勢」，竟然忘了要勤奮工作的本職，只為貪圖不當利益，長此以往，必坐吃山空，養成惰習，豈不是日趨窮困？

鬼者，不一定是神鬼而已！凡是遊手好閒，為非作歹的兇神惡煞，俱可稱之為鬼。一旦交友不慎，誤入岐途，與閒神野鬼為伍，不務正業，愈陷愈深，多行不義不悔改，浪蕩為非不思歸，漸漸惡貫滿

盈，自陷死亡之路而不知，良可痛惜！

　　至於與牛販交往，那只是徒然浪費時間米糧而已！因為牛販之意，本在買牛，為了目的，不擇手段，善於鼓其如簧之舌，逞其天花亂墜之辭，就要便宜誘取農民賴以維生、朝夕相處的牛隻。一旦受其迷惑，貪小便宜，把牛賣了，將頓失所依，血本無歸，徒呼負負，真是貪他一斗米，失卻半年糧。何況，賣了辛苦終身的老牛，任憑宰殺，等於出賣義友一樣，於心何忍？縱然緊急煞車，未賣耕牛，但閒聊半天，無益農耕，真是交牛販，蝕了米！

　　因此，交官不正，必陷窮困之境；交友不慎，必至窮途末路；與牛販交往，只談如何出賣忠實朋友，言不及義之事，豈不徒然浪費米糧！今雖是工商社會，少有牛販，然更有甚於牛販者，也正虎視眈眈於善良百姓，可不深思；當自戒慎恐懼，不貪不求，引為借鏡，不亦宜乎！

虎生猶可近　人熟不堪親

fu^{2}	sang^{1}	riu^{5}/iu^{5}	ko^{2}	kiun^{1}
ㄈㄨ^{2}	ㄙㄤ^{1}	ㄖㄧㄨ^{5}/ㄧㄨ^{5}	ㄎㄛ^{2}	ㄎㄧㄨㄣ^{1}
虎	生	猶	可	近
ngin^{5}	shug^{8}/sug^{8}	bud^{4}	kam^{1}	cin^{1}
ㄫㄧㄣ^{5}	ㄕㄨㄍ^{8}/ㄙㄨㄍ^{8}	ㄅㄨㄉ^{4}	ㄎㄚㄇ^{1}	ㄑㄧㄣ^{1}
人	熟	不	堪	親

「虎生猶可近，人熟不堪親」是句於大道體驗甚深的客諺。意指山中兇惡老虎，雖然陌生，還可與人親近，可是，與我們朝夕相處，以為可以推心置腹，生死許之的親朋好友，竟然罔顧人倫道義，遽下毒手反噬，面不改色，猶然振振有詞，令人嗟歎！真可謂：虎生猶可近，人熟不堪親。

虎有銳利的鈎爪，生性凶悍，喜歡肉食，人們莫不聞風喪膽，驚慌不迭。但世間偏有兇狠更甚於虎者，就不得不令人深自嗟歎了。即如古代孔子周遊列國，見一婦人的父親、丈夫、兒子都死於老虎之口，卻仍不願搬離深山，只是因為那裡沒有苛政而已。因此，有「苛政猛於虎」的感歎！老虎陌生，雖會吃人，還有躲避之道，而身為「父母官」，理應愛民如「子」，卻苛政連連，躲也躲不過，那豈不是人熟不堪親！相傳秦國大將朱亥，深入老虎群中，瞋目瞪視老虎，老虎

竟然動也不動，後來與大將白起交情很好，卻遭陷害，因而有「虎生
猶可近，人熟不堪親」這刻骨銘心的感歎！時至今日，更有生身父母，
不務正業，逼女為娼，利欲薰心，藉子謀利，亂倫奪貞，蹂躪幼苗，
夫妻失和，暴力以逞，殺夫虐妻，禍延子女，一言不和，利刃相向，
血流五步，天倫驚變，慘絕人寰，雖係至親好友，亦難倖免，真是虎
生猶可近，人熟不堪親；餓虎不食子，人無骨肉恩！

　　惡虎撲羊的災厄，固然令人餘悸猶存；但，其遠在深山，總有克
服避免之道。而如膠似漆之甜蜜，固然令人沈醉其中；但，如逐利忘
義，則人間慘劇終將爆發於蕭牆之內，而始料未及，令人歎惋！

直腸直肚　一生著爛褲　橫腸吊肚　門前絢馬牯

chid⁸/ciid⁸	chong⁵/cong⁵	chid⁸/ciid⁸	du²
ㄔ丨ㄉ⁸/ㄘㄉ⁸	ㄔㄥ⁵/ㄘㄛㄥ⁵	ㄔ丨ㄉ⁸/ㄘㄉ⁸	ㄉㄨ²
直	腸	直	肚

rid⁸/id⁸	sen¹	zhog⁸/zog⁸	lan⁷	fu³
ㄖㄉ⁸/丨ㄉ⁸	ㄙㄝㄣ¹	ㄓㄛㄍ⁸/ㄗㄛㄍ⁸	ㄌㄢ⁷	ㄈㄨ³
一	生	著	爛	褲

vang⁵	chong⁵/cong⁵	diau³	du²
ㄨㄤ⁵	ㄔㄥ⁵/ㄘㄛㄥ⁵	ㄉ丨ㄠ³	ㄉㄨ²
橫	腸	吊	肚

mun⁵	cien⁵	to⁵	ma¹	gu²
ㄇㄨㄣ⁵	ㄑ丨ㄢ⁵	ㄊㄛ⁵	ㄇㄚ¹	ㄍㄨ²
門	前	絢	馬	牯

　　直腸直肚，一生著（穿）爛褲；橫腸吊肚，門前絢馬牯（絢：綁，
繫。馬牯：駿馬。比喻富貴之家。）

　　這是一句諷世諺語。意指口無遮攔，出言率直的人，不易在複雜
社會中討人喜愛；甚至可能直言遭忌，惹禍上身，而一生都鴻圖難
展，困窘失意；破衣爛褲，潦倒一生；如若善體上意，察言觀色，言

必恭順，色必柔媚，或許頗受青睞，平步青雲，居必深宅大院，庭前多是鮮車怒馬。言語之用，有如是矣！

直腸直肚皮，是指興之所至，不經思考，脫口而出，或者雖經思考，卻不論時機地點恰當與否，不論交情關係深淺如何，全憑己之意志理念，好惡觀感，率直言說，有時不慎揭人隱私，有時犯了嚴重忌諱；有時以訛傳訛，有時無中生有；有時直言極諫，忠而見謗；有時義正辭嚴，不容長上。輕者傷了彼此感情，誤會萌生；重者出言惹禍，吃上官司，終生窮愁潦倒，忠而獲罪，直而見逐，真是一言既出，駟馬難追；一言喪邦，一語敗身者，如此骨鯁率直，不辨個人利害，不只是穿著破爛褲子而已。

至如橫腸吊肚，則城府甚深，見機而作，逢迎拍馬，深文婉約，口是心非，隱蔽鋒芒，深體語言三昧，掌握時機地點，辨清關係對象，善於察言觀色，即使內心充滿好惡，亦語多含蓄保留，雖是恨之入骨，亦言愛之舌粲蓮花，綿裡藏針，如雪地白花，口蜜腹劍，笑裡藏刀，難見真偽，朋友為之上當，上司為之欺蒙，乃以為不可多得之後秀棟樑，遂使青雲得志，權傾朝野，富可敵國。於是，冠蓋雲集、賓客盈門、輕車豪華、駿馬列隊，宛若遊龍，都來攀龍附鳳，好不熱鬧。可見，言語真是身體之文飾，富貴之化身。

直腸直肚，固是善良誠實，毫無心機，耿直無私，忠誠篤實，若是不能「時言，然後言」的見機而作，難免成事不足，終有遺憾；橫腸吊肚者，固然深諳語言藝術，天機妙語，但言不由衷，巧言令色，仁義蕩然，有礙大道，過猶不及，為仁智者所不取。如何心存道德善念，口吐珠玉之聲，謹記「言之不文，行之不遠」的古訓，若仍勉力不行，則與其橫腸吊肚，何如直腸直肚，無愧無怍，雖著爛褲，亦處之泰然矣！

渴時一滴如甘露　醉後添杯不如無

hod⁴	shi⁵/sii⁵	rid⁴/id⁴	did⁸/did⁴	ri⁵/i⁵	gam¹	lu⁷
ㄏㄜㄉ⁴	ㄕㄧ⁵/ㄙㄥ⁵	ㄖㄧㄉ⁴/ㄧㄉ⁴	ㄉㄧㄉ⁸/⁴	ㄖㄧ⁵/ㄧ⁵	ㄍㄚㄇ¹	ㄌㄨ⁷
渴	時	一	滴	如	甘	露

zui³	heu⁷	tiam¹	bui¹/bi¹	bud⁴	ri⁵/i⁵	mo⁵
ㄗㄨㄧ³	ㄏㄝㄨ⁷	ㄊㄚㄇ¹	ㄅㄨㄧ¹/ㄅㄧ¹	ㄅㄨㄉ⁴	ㄖㄧ⁵/ㄧ⁵	ㄇㄜ⁵
醉	後	添	杯	不	如	無

　　渴時一滴如甘露，醉後添杯不如無。意指為人要多作雪中送炭的義舉，少作錦上添花的附和。助人要在別人最需要幫助的時候，好比在極度口渴之時，雖少得只有一滴清水，也甜如甘露；如果時機不當，好比已經昏然醉酒的人，仍然為他倒酒，真是不知珍惜物資，暴殄天物，更是不能把握做事的適當時機。

　　口乾舌燥時，最急切的需要，就是喝下一杯開水，如若求之不得，即使是一滴清水，也甜如甘露。未經口渴煎熬的人，不知口渴的痛苦；未嚐過口渴痛苦的人，不知甜如甘露的真味。同樣，未受過貧病交迫的人，不知微薄金錢的可貴，延誤了渴時滴水的救助，事後縱引西江之水，也早已成鮑魚之肆，無力回天。於是，惻隱之心的救急，將會彌補多少人間的憾事，而成美事一樁；而雪中送炭的一念之仁，將會溫暖天下多少受創的人心。因此，救急保命，撫痛療傷，所

費甚少，其功甚大；這就是為什麼古人結草啣環，而使對方銘感五內；寶玉滴水之恩，絳珠湧泉以報的真諦，一滴清水，將不只甜如甘露而已。

至如爛醉如泥，猶辯稱我沒醉酒的人，為了杯酒言歡，宴席取樂而仍觥籌交錯，不斷添杯，不惟醉者不能體會喝酒之樂，事後更有意想不到的負面影響。醉後添杯，眼看多少美酒就如洪水氾濫一樣，橫流沖刷，於己於人，俱無助益，好比錦上添花，攀龍附鳳，付者傾其所有，受者渾然不覺，依利而行，恨啟怨生；又如濃粧豔抹，珠圍翠繞；捨本逐末，欲益反損；自怨自艾，煩惱更多。

渴時一滴，甜如甘露，濟者得時，受者實惠；醉後添杯，渾然無味；敬者失時，受者無益。吾等為人處世，何不掌握時機，行善濟急，飲其所渴，所費甚少而竟成大德；切莫醉後添杯，糟蹋物資，附贅懸疣，所費無益而違反天功。

木匠師傅無眠床　地理先生無屋場
裁縫師傅無衣裳　　算命先生半路亡

mug^{8}	siong^{7}	sii^{1}	fu^{7}	mo^{5}	min^{5}	cong^{5}
ㄇㄨㄍ^{8}	ㄙㄧㄛㄥ^{7}	ㄙ^{1}	ㄈㄨ^{7}	ㄇㄛ^{5}	ㄇㄧㄣ^{5}	ㄘㄛㄥ^{5}
木	匠	師	傅	無	眠	床
ti^{7}	li^{1}	sin^{1}	sang^{1}	mo^{5}	vug^{4}	chong^{5}/cong^{5}
ㄊㄧ^{7}	ㄌㄧ^{1}	ㄒㄧㄣ^{1}	ㄙㄤ^{1}	ㄇㄛ^{5}	ㄪㄨㄍ^{4}	ㄔㄛㄥ^{5}/ㄘㄛㄥ^{5}
地	理	先	生	無	屋	場
cai^{5}	fung^{5}	sii^{1}	fu^{7}	mo^{5}	ri^{1}/i^{1}	shong^{5}/song^{5}
ㄘㄞ^{5}	ㄈㄨㄥ^{5}	ㄙ^{1}	ㄈㄨ^{7}	ㄇㄛ^{5}	ㄖㄧ^{1}/ㄧ^{1}	ㄕㄛㄥ^{5}/ㄙㄛㄥ^{5}
裁	縫	師	傅	無	衣	裳
son^{7}	miang^{7}	sin^{1}	sang^{1}	ban^{3}	lu^{7}	mong^{5}
ㄙㄛㄣ^{7}	ㄇㄧㄤ^{7}	ㄒㄧㄣ^{1}	ㄙㄤ^{1}	ㄅㄢ^{3}	ㄌㄨ^{7}	ㄇㄛㄥ^{5}
算	命	先	生	半	路	亡

木匠師傅無眠床，地理先生無屋場；裁縫師傅無衣裳，算命先生半路亡。意指各行專業之士，常精於為人，卻拙於謀己；圖其所難，卻忽其所易；明於觀人，卻闇於察己，精於智術，卻難於謀天。於是，使得精於木工的師傅，所睡眠床卻極普通；地理先生所居，卻未必鍾靈毓秀之地；裁縫師傅所著衣裳，更非綾羅綢緞；算命先生雖然對人鐵口直斷，於己卻難逃天命，半路而亡。果是智術可為，天道難

測！

木匠師傅，手藝巧奪天工，為什麼會沒有眠床？地理先生，堪輿慧眼獨具，為什麼會沒有屋場？裁縫師傅，設計天衣無縫，因何會沒有衣裳？而算命先生，更是神仙鐵口，未卜先知，為什麼會半路而亡呢？這真是極耐人尋味的事。原來，木匠師傅，專心學藝，一意工作，如有精緻產品，則期於展示求售，獲取利潤。得意作品，若有知音出以高價，即使自己日夜所臥的龍床都可拋售，此所謂「恨知音難遇，傷伯樂之難求」！一旦遇之，所愛眠床，都可割愛，自己一兩塊木板，隨時可以製成而高枕無憂。地理先生，四處為人探勘吉地龍穴，如此深奧不測，玄虛艱難之事，皆可從容覓得，或為王侯將相之需，或應富商巨賈之求，或為百姓修建陽宅風水，以期庇蔭子秀孫賢，他們取財物如探囊，付千金而不瞬，則一旦覓有靈秀山水，多盡與之，落得自己所居之地，亦不過尋常巷陌而已！

裁縫師傅，亦是身負絕藝，巧思奇想，製有絕佳服裝，以待意者上門，眼看心愛成果，一件一件都有良好歸宿，是歡喜，也是感傷，真是「喜愛」年年壓針線，為他人作嫁衣裳，自己所剩，不過一般衣裳而已，也自得其樂！而算命先生，或精於占卜八卦，或善於奇門遁甲，觀病於未發，察禍於無形，果能「一語點醒英雄出迷津，片言可使紅顏不薄命」，是群眾的偶像，為星相的專家，智可照亮天下英雄光明路。可惜，卻令自己逢煞半路亡！慮切於彼，而禍興於此；智慮及此，而災萌於彼，是命運的捉弄，還是算命的失靈呢？明於解決他人困難之疑惑，卻闇於察己切身的禍福，其所深慮者是他人，而不是自己；其所鑽研者是智術，而不是天道。時也，運也，命也？

木匠師傅無眠床，地理先生無屋場；裁縫師傅無衣裳，算命先生半路亡。之所以如此，並非藝之不精，乃道之不明。精於為人，拙於謀己；圖其所難，忽其所易，如此作為，求其所欲，尚無災禍，

如若明於觀人禍福，闇於察己吉凶；入於智術窄巷，違於天道廣遠，則恐不只算命先生半路亡而已，所以古人說：「良醫之子，多死於病；良巫之子，多死於鬼。」真是善戰者亡於戰，善水者溺於水；善蛇者遭蛇咬，善獵者遭虎噬！則藝雖精，輕易至微之事，又豈可忽之？

　　故精於藝者必入於道，深於人者必合於天，道與藝合，天與人一，雖未算命，命在其中矣！

　　無　　客語唸ㄇㄛ。
　　眠床　　指床。
　　屋場　　建屋之吉地或風水佳城。

毋食鹹魚嘴毋腥　毋會做賊心毋驚

m^{5}	shid^{8}/siid^{8}	ham^{5}	ng^{5}	zhoi^{3}/zoi^{3}	m^{5}	siang^{1}
ㄇ^{5}	ㄕㄧㄉ^{8}/ㄙㄉ^{8}	ㄏㄚㄇ^{5}	ㄫ^{5}	ㄓㄛㄧ^{3}/ㄗㄛㄧ^{3}	ㄇ^{5}	ㄒㄧㄤ^{1}
毋	食	鹹	魚	嘴	毋	腥
m^{5}	voi^{7}	zo^{3}	ced^{8}	sim^{1}	m^{5}	giang^{1}
ㄇ^{5}	ㄪㄛㄧ^{7}	ㄗㄛ^{3}	ㄘㄝㄉ^{8}	ㄒㄧㄇ^{1}	ㄇ^{5}	ㄍㄧㄤ^{1}
毋	會	做	賊	心	毋	驚

毋食鹹魚嘴毋腥，毋會做賊心毋驚。意指用心要善，行為要正，崇尚道德，遵守禮法，潔身自愛，自然沒有無謂干擾，隨時都能安詳和諧，不會擔驚受怕。好比不去品嚐鹹魚，口齒自然不會殘存魚腥之味；不去做竊賊等虧心之事，鬼來敲門心也不驚，品端行正，光風霽月而心胸泰然，有反求諸己，修身自省的涵義在內。

昔日農業社會，食物匱乏，雖然日夜操勞，卻常是三餐不繼，無以為生，尤其住在偏遠山區，欲吃海邊新鮮魚類，可謂緣木求魚，得之不易。只好退而求其次，去買鹽份極濃的鹹魚，以佐三餐。

舊時醃漬防腐技術並不高明，雖然所放鹽份極多，仍然難掩撲鼻而來的魚腥之味，保持距離尚且如此，一旦動箸入口，齒頰魚腥即拂之不去，往往一兩口鹹魚，可吃下兩三碗飯，在物質缺乏的當時，幾成普遍現象，言談舉止之間，腥風四溢，因此，見面時戲稱「毋食鹹

魚嘴毋腥」，如果吃過鹹魚而說沒有，那是騙不了人的。

在淳樸敦厚的舊時農村社會，治安一向良好，平靜無波，別說是燒殺擄掠的重大刑案，極少發生，即使是宵小偷竊之事，也極為罕見，而被視為罪大惡極。因此，「小偷」常被視為犯罪的代表，如偷摘水果、偷折竹筍，偷摘菜，偷闖雞，偷抓狗，偷金飾財物等，一旦有人失竊，便驚動地方，人人都有嫌疑可能，唯有未做賊者，才會舒坦安然，毫不驚恐，以表自己清白，所以說：平生不做虧心事，半夜敲門心不驚，旨哉斯言。

不吃鹹魚，嘴無腥味；吃了鹹魚，則難掩魚腥；不去做賊，心中不驚；做了竊賊，也難卸罪責。唯有以仁存心，以義行事，不招惹是非，不為非做歹，有理智處事的能力，不可有諉過飾非的心態，若要人不知，除非己莫為，即所謂毋食鹹魚嘴毋腥，毋去做賊心毋驚的真諦，然而，吃鹹魚而不為非，今豐衣足食之際反而亂象頻生，又不禁令人瞿然心驚！

選自中國古建築藝術大觀

能管千軍萬馬　難管廚房灶下

nen^{5}	gon^{2}	cien^{1}	giun^{1}	van^{7}	ma^{1}
ㄋㄝㄣ^{5}	ㄍㄛㄣ^{2}	ㄑㄧㄝㄣ^{1}	ㄍㄧㄨㄣ^{1}	ㄪㄢ^{7}	ㄇㄚ^{1}
能	管	千	軍	萬	馬
nan^{5}	gon^{2}	chu^{5}/cu^{5}	fong^{5}	zo^{3}	ha^{1}
ㄋㄢ^{5}	ㄍㄛㄣ^{2}	ㄔㄨ^{5}/ㄘㄨ^{5}	ㄈㄛㄥ^{5}	ㄗㄛ^{3}	ㄏㄚ^{1}
難	管	廚	房	灶	下

能管千軍萬馬，難管廚房灶下。充分道盡了古代農業社會，客家先民男外女內、男耕女織，分工合作，互相尊重的優良傳統。縱然是叱咤風雲的沙場大將，能指揮千軍萬馬，但也未必能管得廚房炊爨、炒炸烹煮之事。因為，那畢竟不是自己的專長，而且隔行如隔山，絲毫大意不得，這也是注重專業精神的表現。

能管千軍萬馬，為什麼不能管廚房灶下呢？看那千軍萬馬，旌旗飄揚，雖然聲撼山岳、威震四方，確實震懾人心，令人熱血沸騰，這種精銳部隊，想必要雄姿英發、奇才異能之士，方能談笑用兵，勝任愉快。如此威風凜凜的蓋世英雄去調兵遣將，指揮作戰，可謂得心應手，適才適所，若是捨此不由，卻要他去專司廚房炊爨之事，忽而滿漢全席、鮑魚海參、瓊漿玉液；忽而柴米油鹽、醬醋茶酒、蒸燉燜炸，以備宮廷大餐、官邸大宴，生平從未涉獵，不只宴之不成，恐怕

硝煙滿灶，廚房沸鼎了！

　　世間學問，縱橫錯雜，專之於此，未必精之於彼，能管千軍萬馬，未必能管廚房灶下，實指各行屬性殊異，各業所司不同，方枘圓鑿，格格不入，固可勉力為之，未必輕易勝任。因此，在農業社會，男之從軍耕田於外，亦不敢輕視婦女廚房灶下之職，所司各有不同，絲毫未有性別歧視之意，實在是相互尊重的表現！時至今日，雖未必男外女內，但各行領域截然有別，更須分工合作，行行都是專業，業業都須專精，無高低貴賤之別，就是「能管千軍萬馬，難管廚房灶下」的真諦。

　　能管千軍萬馬的人，想必謙沖為懷，低首下心，謙稱不敢去管廚房灶下之事。古來精於廚者，如易牙知味，庖丁解牛，千百年來，又有誰能及之？所以又說：「能管千軍萬馬，難管三頂笠嘛（斗笠）」（精於軍事作戰的專家，未必懂得農事），這正是孔子所謂「吾不如老農」的精神發揮，和「能管千軍萬馬，難管廚房灶下」的意義契合無間，用之今日，仍然歷久彌新。

二、時令 氣象

正月雷鳴二月雪　三月無水做田缺　四月秧打結

zhang^1/zang^1	ngied^8	lui^5	min^5	ngi^7	ngied^8	sied^4
ㄓㄤ^1/ㄗㄤ^1	ㄫㄧㄝㄉ^8	ㄌㄨㄧ^5	ㄇㄧㄣ^5	ㄫㄧ^7	ㄫㄧㄝㄉ^8	ㄒㄧㄝㄉ^4
正	月	雷	鳴	二	月	雪
sam^1	ngied^8	mo^5	shui^2/sui^2	zo^3	tien^5	kied^4
ㄙㄚㄇ^1	ㄫㄧㄝㄉ^8	ㄇㄛ^5	ㄕㄨㄧ^2/ㄙㄨㄧ^2	ㄗㄛ^3	ㄊㄧㄢ^5	ㄎㄧㄝㄉ^4
三	月	無	水	做	田	缺
si^3	ngied^8	riong^1/iong^1	da^2	gied^4		
ㄒㄧ^3	ㄫㄧㄝㄉ^8	ㄖㄧㄛㄥ^1/ㄧㄛㄥ^1	ㄉㄚ^2	ㄍㄧㄝㄉ^4		
四	月	秧	打	結		

正月雷鳴二月雪，三月無水做田缺，四月秧打結。這句客諺，意指農曆正月如果雷鳴乍驚，二月飄然落雪，旱災就提早在三月降臨，沒有充足的水源可以耘田育苗，四月的秧苗成長可能就不大順遂，影響收成。是由雷聲來預測農作物成長的氣象預報，有凡事隨時警戒惕勵、敬天法天用天的涵義在內。

為什麼正月雷鳴，二月就會下雪，三月會缺水做田，四月又會秧打結呢？這是前人經年累月觀察得來的結論，而歷年以來，機率都非常的高，實值深究。原來，所謂的春雷，一般多指驚蟄的雷聲，所以說：「驚蟄至，雷聲起」（驚蟄到時，就會雷聲響起），因此，驚蟄

打雷，正是及時之雷，萬物潛伏蓄積，到了驚蟄，一陣雷聲，自是躍然欲動，是春天的前奏導引，帶來風調雨順，安和樂利。可是，一旦異於往常，尚未驚蟄的正月，就響起了雷聲（驚蟄多在農曆二月以後），把一切秩序都打亂了，便造成天氣晴雨的失常，氣溫的遽變，所以說：「雷打驚蟄前，百日不開天」（在驚蟄前打雷，冷熱空氣激烈對流，就會出現長期雷雨），於是蔓延至二月的雪花飄飛，極度嚴寒，便又有「正月冷死牛，二月冷死馬，三月冷死耕田儕」的說法，可見天氣的冰凍寒冷。

到了三月時，則因長期的大雨沖刷，山崩地裂，禾田淤積。早期臺灣大山高峻，河流短窄而淺，雖有連綿雨季，雨量豐沛，卻也急速流失，又造成田毀塍壞，處處缺裂崩陷，修補之不足，反而無水做田，猶如水災之際，反而停水一般，真是莫可奈何！因此又說：「正月雷，二月雪，三月稻田曬到裂」，意即正月二月，氣流變化太大，天氣時熱時冷，以致大旱大澇，實在難以預測。幼嫩秧苗長期在這不穩定的環境中長大，成長也不順利，在先天不良，後天失調之下，四月秧苗打結枯萎，已到了奄奄一息的地步。為了蓄養水源，各地水庫的興建，池塘溝圳的遍布，實在不是沒有原因，難怪「水淺愁秧枯，水深怕秧腐」的憂心，自古已然，而「四月秧打結」的夢魘卻一直持續至今，其實，何止秧苗而已，瓜果蔬菜亦然，豈可不細心照拂？

正月春雷鳴，二月落大雪；三月田無水，四月秧打結，實乃天地之變，陰陽之化，古往今來，無世無之，應之以治則吉，應之以亂則凶。唯有敬其在己，思深慮遠，毋待風雷驟至，而慌亂不迭。宜未聽雷而有所思，未觀雨而有所動，制天命而用，盡地利而生，應時而使，愛物仁民，則雖正月雷鳴二月雪，三月將不會無水做田缺，四月也不會秧打結了。

正月雷先鳴　四十五日暗天庭

	zhang^1/zang^1	ngied^8	lui^5	sen^1	min^5	
	ㄓㄤ^1/ㄗㄤ^1	ㄫㄧㄝㄉ^8	ㄌㄨㄧ^5	ㄙㄝㄣ^1	ㄇㄧㄣ^5	
	正	月	雷	先	鳴	
si^3	shib^8/siib^8	ng^2	ngid^4	am^3	tien^1	tin^5
ㄒㄧ^3	ㄕㄧㄅ^8/ㄙㄅ^8	ㄫ^2	ㄫㄧㄉ^4	ㄚㄇ^3	ㄊㄧㄝㄣ^1	ㄊㄧㄣ^5
四	十	五	日	暗	天	庭

正月雷先鳴，四十五日暗天庭（天昏地暗，陰雨）。這是一句從正月雷鳴來覘測晴雨的諺語。意思是：正月如果打雷，那麼往後的一個半月左右，雖不一定是天天下雨，但大部分是烏雲籠罩，而雨多於晴，事實是否真的如此呢？

且看民國八十七年（一九九八）農曆正月，在月初時頻頻打雷，而陰雨不停，甚至在二十一日當天，一天就打了好幾次雷，結果在這兩個月裏，真正太陽出現的日子，竟然不上十天，將近五十天過著天昏地暗、陰雨的日子；八十八年正月，一直未聞雷聲，整個月裏大多晴空萬里；到了八十九年，在正月初，突然出現了隱隱雷聲，結果在元宵夜起，開始霪雨霏霏，除了在二十八至三十這三天太陽稍微露臉外，總是陰雨不斷，未曾停歇，天氣又濕又冷，令人坐立不安，所謂「春打雷，春雨隨」、「春雷十日寒」，洵非虛言。

正月雷鳴和立春下雨，同樣是預測晴雨的指標。所謂「立春落水透清明，一日落水一日晴」，八十九年立春未下雨，本以為雨量會少些，沒想到卻逢正月雷鳴，一樣是春雨不停，也把雨季拉長了，因此時尚未驚蟄，所謂「驚蟄未過雷先鳴，陰陰啞啞到清明」（驚蟄前打雷，在清明之前，不是陰天，就是下雨），真是不謀而合。

　　這些都是縱橫交錯，而有互動關係的。例如：八十九年元宵當天和前兩天，還是麗日當空，但尚未入元宵夜，就馬上下雨，真應了「雲遮中秋月，水打元宵『夜』」的客諺，因去歲（八十八年）中秋，確是烏雲遮月，可謂絲毫不爽。另外又說「上初三，下十八」（在初三下雨，上半個月大多會下雨；十八下雨，下半個月也會下雨）八十九年正月下半個月，只有最後三天才放晴，其餘多在綿綿陰雨中，往後的半個月，也是大多雲暗天低，真是「正月雷先鳴，四十五日暗天庭」。

　　民國九十年，農曆正月初二下午二時左右，亦轟然雷響，隨即陰雨綿綿。

選自北埔光景

三月食毛桃　毋死也疲勞

sam[1]	ngied[8]	shid[8]/siid[8]	mo[1]	to[5]
ㄙㄚㄇ[1]	ㄍㄧㄝㄉ[8]	ㄕㄧㄉ[8]/ㄙㄉ[8]	ㄇㄛ[1]	ㄊㄛ[5]
三	月	食	毛	桃

m[5]	si[2]	ria[7]/ia[3]	pi[5]	lo[5]
ㄇ[5]	ㄒㄧ[2]	ㄖㄧㄚ[7]/ㄧㄚ[3]	ㄆㄧ[5]	ㄌㄛ[5]
毋	死	也	疲	勞

三月食毛桃，毋死也疲勞。意指農曆三月的桃子，尚未成熟，絨毛滿滿，不宜採摘，更不能食用，一旦勉強摘下，吞落肚裡，可能會惹出病來。有愛護幼苗、善待萬物，從容待時、不可急躁，更有養生保健之意。

有句歇後語說「三月的桃子──謝了。」桃花甫謝，一個個可愛的桃子掛滿樹枝，但是都還沒有成熟，毛茸茸的，粉嫩嫩的像嬰兒的臉龐，稚子的笑靨，怎麼忍心摘下吞食？一旦吃了這佈滿細毛的幼桃，縱然不至於死，也會病得不輕。

因為三月桃子長了許多細毛，吞入肚裡，極不易消化，甚至有刺傷胃壁之虞；如果胃腸皆細毛，其嚴重後果可以想像。三月不吃毛桃，固然避免躁進貪食，傷胃得病，更是稚果滿枝，欣欣向榮，萬物得時，生機盎然的自然人生美景，豈能不順應自然，以待天時，忌諱

強摘嫩蕊的期許。

　　三月不食毛桃，將使桃子得時以生，及時以長，和孟子所言「數罟不入污池，魚鱉不可勝食」道理是一樣的，與六月的龍眼——白核，不可食用，其道理也是相通的。

三月北風燥惹惹　四月北風水打杈

sam[1]	ngied[8]	bed[4]	fung[1]	zau[1]	ngia[1]	ngia[1]
ㄙㄚㄇ[1]	ㄫㄧㄝㄉ[8]	ㄅㄝㄉ[4]	ㄈㄨㄥ[1]	ㄗㄠ[1]	ㄫㄧㄚ[1]	ㄫㄧㄚ[1]
三	月	北	風	燥	惹	惹

si[3]	ngied[8]	bed[4]	fung[1]	shui[2]/sui[2]	da[2]	ca[7]
ㄒㄧ[3]	ㄫㄧㄝㄉ[8]	ㄅㄝㄉ[4]	ㄈㄨㄥ[1]	ㄕㄨㄧ[2]/ㄙㄨㄧ[2]	ㄉㄚ[2]	ㄘㄚ[7]
四	月	北	風	水	打	杈

　　三月北風燥惹惹，四月北風水打杈（客音ㄘㄚ，樹枝）意指三月刮北風，可能有乾旱跡象；四月刮北風，可能有水災之虞，不論其結果如何，均有未雨綢繆，預為準備，深謀遠慮之意。

　　農曆三月，正是風光明媚，春暖花開時節，不意卻乍晴乍雨，乍雨乍風，竟然刮起了北風，頓時春寒料峭，春雨綿綿，諺云：「三月北風燥惹惹，四月北風水打杈」，果真如此，豈不早作準備。

　　三月刮北風，雖然短期之內，綿綿細雨，陰濕欲冷，但未來一年可能有乾旱的現象；四月刮北風，可能有水災警示。總之，三、四月間，是不宜吹北風的，一旦吹起了北風，就宜早為之計，未旱先開源節水，未雨先疏濬防洪。這是寶島先民長年觀察的智慧之語，因此不論是否水旱之災得以應付裕如，其深思遠慮，謹慎將事，豈可不加珍惜？

三月刮北風，天氣必然冷。因此，北方也有「三月三日冷淒淒，三十五日蓋棉被」之說，三月雨下得多，難保以後不會乾旱；四月，已進入了夏季，卻仍刮北風，也應嚴防日後的乾旱影響收成，所謂「四月南風大麥黃，才了蠶桑又插秧」，南風是四月的最愛，一旦北風吹，自宜有所考量才是。

古時冬則資絺，旱則資舟，正是凡事豫則立的真諦，和三月北風要注意乾旱，四月北風要注意水災，道理是相通的。

選自北埔光景

三月竹筍風打斷　有頭無尾枉自高

sam[1]	ngied[8]	zhug[4]/zug[4]	sun[2]	fung[1]	da[2]	ton[1]
ㄙㄚㄇ[1]	ㄇㄧㄝㄅ[8]	ㄓㄨㄍ[4]/ㄗㄨㄍ[4]	ㄙㄨㄣ[2]	ㄈㄨㄥ[1]	ㄅㄚ[2]	ㄊㄛㄣ[1]
三	月	竹	筍	風	打	斷

riu[1]/iu[1]	teu[5]	mo[5]	mui[1]/mi[1]	vong[2]	cii[7]	go[1]
ㄖㄧㄨˇ/ㄧㄨ[1]	ㄊㄝㄨ[5]	ㄇㄛ[5]	ㄇㄨㄧˇ/ㄇㄧ[1]	ㄨㄛㄥ[2]	ㄑ[7]	ㄍㄛ[1]
有	頭	無	尾	枉	自	高

　　三月竹筍風打斷，有頭無尾枉自高。意指暮春三月，風光明媚，新筍躍然而起，筆直凌空，正要枝葉綻放，籜葉盡脫之際，卻無名風起，忽然而斷，有頭無尾，令人不勝惋惜，有勉勵行事謹慎，注意虎尾春冰，不可半途而廢之意。

　　試觀綿綿春雨之後，竹筍蜂擁而生，到了三月，更是亭亭玉立，準備初試新妝了，這時，如果因風吹而折斷，真是有頭無尾枉自高。

　　三月竹筍，鮮嫩可口，人們樂於拗斷食用，但多只折嫩筍，一旦高於人身者，就鮮少採折，使其成竹，免於被摧殘的命運。這是基本的共識，按理說，季春三月，多是風調雨順，天朗氣清的，無颱風颶風之侵襲，亦無九降風之怒吼，竹筍卻因驟風而斷，確是不可思議，豈可不細細思量，處處謹慎小心。

　　原來，三月之風看似平淡無奇，最宜謹慎小心，所謂「三月初一

風，四月初一雨，麥子黃疸穀黍秕」，「三月初一颱大風，麥子決定收不成。」三月颱風，竟然使大麥穀子、黍類秕稗，無法收成，何況剛剛成長的嫩筍，像嬌生的嬰兒一樣，怎堪狂風驟然席捲？又所謂「三月三日起大風，十擔菠蘿九擔空」，「三月初三起狂風，養蠶小姐一場空」，可見三月之風，打斷竹筍，是不可輕忽的。

三月竹筍風打斷，正如古語所說「人莫躓於丘垤而躓於平地」，即行百里半九十，未能有始有終，落到功敗垂成的地步，豈不是有頭無尾枉自高，真是可惜！

立春落水透清明　一日落水一日晴

lib[8]	chun[1]/cun[1]	log[8]	shui[2]/sui[2]	teu[3]	ciang[1]	miang[5]
ㄌ丨ㄅ[8]	ㄔㄨㄣ[1]/ㄘㄨㄣ[1]	ㄌㄛㄍ[8]	ㄕㄨ丨[2]/ㄙㄨ丨[2]	ㄊㄜㄨ[3]	ㄑ丨ㄤ[1]	ㄇ丨ㄤ[5]
立	春	落	水	透	清	明

rid[4]/id[4]	ngid[4]	log[8]	shui[2]/sui[2]	rid[4]/id[4]	ngid[4]	ciang[5]
ㄖ丨ㄅ[4]/丨ㄅ[4]	ㄇ丨ㄅ[4]	ㄌㄛㄍ[8]	ㄕㄨ丨[2]/ㄙㄨ丨[2]	ㄖ丨ㄅ[4]/丨ㄅ[4]	ㄇ丨ㄅ[4]	ㄑ丨ㄤ[5]
一	日	落	水	一	日	晴

　　立春落水（下雨）透（一直到）清明，一日落水一日晴。意指立春之日，如果下雨，天氣可能會陰晴不定。有時陰雨綿綿，有時晴空萬里；有時烏雲密布，時而山雨欲來，讓人捉摸不定，一直落到清明，才會真正的晴天。

　　立春者，斗指東北，維為立春，這時春氣始至，四時剛開始，所以叫立春。立春下雨，真的會下到清明嗎？根據幾年的觀察，立春之日如果下雨，以後的日子大多陰冷黏溼，雖不必一定一日下雨一日晴，但總是雨多於晴，天氣不穩定，一直到清明，才是真正的天氣晴和。為什麼立春下雨，就會一直下雨呢？實因立春之日開始，冬日寒氣漸散，春風頻頻解凍，冰雪日漸消融，散而為雨水，因此雨水接踵而來，再經過春雷鳴動，蟄蟲震起而出的驚蟄，不意之間，南風又再飄然而至，清明就是眼前。大地經過幾番雨水洗禮，一旦天氣放晴，

真是天朗氣「清」,「明」麗照人了。

立春落水透清明,又與其他諺語息息相關互相牽動。例如今年(八十七年)立春下雨,連續下了一星期的雨,但到了元宵節時卻突然天晴,接著次日十六也一樣,再與「雲遮中秋月,水打元宵夜」(中秋如果下雨,次年元宵也會下雨,反之亦然)相比對,又不得不驚訝其準確性,如此錯綜的影響,便可知「立春落水透清明」,並不能以辭害意,並非指天天落雨,而是暗指雨水豐沛之意,及時把握春耕而已。當然,這句客諺,只流行於臺灣北部以及中國大陸部分地區。

其實,立春不論晴雨都是很好的。也有人說:「立春晴一日,農家笑盈盈」、「立春落雨到清明,一日落雨一日晴」、「立春不逢九,五穀般般有」、「立春東邊起橫雲,米穀家家囤」(立春之日如果有雲,必然米穀豐收)、「立春節日霧,秋來水滿路」(立春如起霧,秋季雨量會豐富)等,可見立春的晴雨,頗受重視的。

因此,立春落水透清明,實在是指上半年雨水豐足,萬物潔顯而清明,甘霖普降的徵兆。在「立春難望一晴」、「春天面,時時變」的日子,如何斟酌晴雨努力春耕,才是最重要的課題。

清明前　好蒔田　清明後　好種豆

ciang¹	miang⁵	cien⁵	ho²	shi⁷/sii³	tien⁷
ㄑㄧㄤ¹	ㄇㄧㄤ⁵	ㄑㄧㄢ⁵	ㄏㄛ²	ㄕㄧ⁷/ㄙㄧ³	ㄊㄧㄢ⁷
清	明	前	好	蒔	田

ciang¹	miang⁵	heu⁷	ho²	zhung³/zung³	teu⁷
ㄑㄧㄤ¹	ㄇㄧㄤ⁵	ㄏㄝㄨ⁷	ㄏㄛ²	ㄓㄨㄥ³/ㄗㄨㄥ³	ㄊㄝㄨ⁷
清	明	後	好	種	豆

　　清明前，好蒔田，清明後，好種豆。意指為人處世，一定要把握時機。在清明以前，一定要把秧插好，秧苗才會順利成長；清明節以後，才可以種豆，豆才能待時而生。這是中庸之道的發揚，一切事物，皆不可過與不及，太早或太遲，掌握最適當的時機，所謂「木欣欣以向榮，羨萬物之得時」。時，是最重要的關鍵。

　　一年二十四節氣，每一節氣都可做為生活的指針，耕作的參考。清明節也不例外，我們常將它視為插秧種豆的分水嶺。清明節前，春風解凍，雨水充足，是蒔田的好時機；清明節後，大地滋潤，天清氣朗，就可種植各種豆類植物了。這是一個大原則，各種萬物得其時以生，得其時以長，時機未至，不可種植，如在極寒冬日，無法插秧；時機過了，亦不可種植，因那是事倍功半的，所謂「蒔田到穀雨，一條禾苗減一粒米」，可見「時」之不可忽視，古語所謂「雖有智慧，

不如乘勢；雖有鎡基，不如待時」，水到渠成，可以事半功倍。

　　以清明應之於其他節氣亦然。所謂「立秋前，好蒔田；立秋後，好種豆」，其道理是一樣的，以之應於人事，亦須待時而動。呂蒙正未遇時，住破窯，無處安身；既達之後，高官顯爵，不以為意，作破窯賦云：「天不得時，日月無光；地不得時，草木不長。水不得時，風浪不平；人不得時，利運不通。」因之大為感歎，時之重要，在未遇之前，就須藏器待時而動，以免時機之逝，悔之無及，歌謠有謂「要連阿妹趕（趁）後生，黃秧蒔田難轉青」，實宜及早於清明立秋前蒔田，才是適時矣！

　　萬物順應天時，始能欣欣向榮，吾人以天地為師，以自然為法，不只蒔田種豆而已；允宜「時，然後言」、「安時而處順」，掌握時機，可以以逸待勞，爭取績效。

清明晴　魚仔上高坪　清明雨　魚仔杈下死

ciang¹	miang⁵	ciang⁵	ng⁵	er⁵	shong¹/song¹	go¹	piang⁵
ㄑㄧㄤ¹	ㄇㄧㄤ⁵	ㄑㄧㄤ⁵	ㄥ⁵	ㄜ⁵	ㄕㄛㄥ¹/ㄙㄛㄥ¹	ㄍㄛ¹	ㄆㄧㄤ⁵
清	明	晴	魚	仔	上	高	坪

ciang¹	miang⁵	ri²/i²	ng⁵	er⁵	ca⁷	ha¹	si²
ㄑㄧㄤ¹	ㄇㄧㄤ⁵	ㄖㄧ²/ㄧ²	ㄥ⁵	ㄜ⁵	ㄘㄚ⁷	ㄏㄚ¹	ㄒㄧ²
清	明	雨	魚	仔	杈	下	死

　　清明晴，魚仔上高坪；清明雨，魚仔杈（樹枝）下死。這是由清明節氣的晴雨，以預測一年氣象概況的客諺。意指清明當日，如果天朗氣清；萬里無雲，今年將會雨量豐沛，群魚可隨著水位高漲而悠游至高地；如果清明時節，霪雨紛紛，夏秋之後，可能旱魃降臨，河乾木死，水落石出，在乾枯樹杈之下，群魚失水而亡，捕魚極易。這是以清明晴雨，作為一年氣象指針，繫於關鍵性角色，有早為籌畫、祈福消災之意。

　　清明，斗指丁為清明，此時萬物潔顯而清明，如萬物蟬蛻，嬰兒化生，氣清景明，萬物皆齊，故云清明，清明晴，真的會魚仔上高坪；清明雨，真的會魚仔杈下死嗎？仔細觀察近幾年來的氣象資料，發現清明節當天，如果豔陽高照，長煙一空，結果夏秋之際，颱風雨水大多接踵而來，雨量豐沛，看那山圳河渠，在濃雲密布，落雨如

珠，雨腳如麻之際，有若洪水滔天，浩浩懷山襄陵，致有路邊土坪揀到大魚的驚喜者，而各地水庫洩洪之聲，更如千軍萬馬，震耳欲聾，可見清明之晴，實為雨量豐沛之徵兆。而數年之前，常是清明時節雨紛紛，結果秋冬之際，常受乾旱之苦，溝渠小溪，水位低下，杈下水邊，清淺池塘，摸魚覓蜆，真如探囊取物，難怪大陸各地，也有類似諺語，如「清明晴，魚仔上高坪；清明雨，魚仔（杈）（草名，古稱黃華，今謂牛芸草為黃華）下死」「清明晴，魚仔上高坪；清明雨，魚仔杈下死。」又云「雨打清明節，大旱三個月」等，可見以清明晴雨，預測一年的天氣，有其共通的可信度。

清明晴，魚仔上高坪；清明雨，魚仔杈下死。是否意味著人們喜清明晴而惡清明雨呢？事乃有大謬不然者。因清明晴雨，是一種自然變化，不論晴雨，都有其意義與價值，於是又說：「清明前後一場雨，勝似秀才中了舉」（清明前後下雨，比秀才考上舉人還要高興），一則說「清明要晴，穀雨要陰」；一則又說「清明要雨，穀雨要晴」。中國北方也有謂「雨打墓頭錢，麻麥不見收；雨打墓頭錢，今年好種田」，不論是否雨打清明，都有其正面意義。始知清明在人們心目中的地位，至為重要，要掃墓掛紙、慎終追遠，因此又有「清明大於天」的說法，在清明前後，該完成的工作一定要完成，所以說「清明前，好蒔田（稻秧）；清明後，好種豆。」（清明前，一定要把秧插好；清明後，就要種各種豆類了），其重要性，可見一斑。

清明晴，魚仔上高坪，可以體會悠游水中世界之樂；清明雨，魚仔杈下死，在清淺水邊，可以隨意抓到大魚而大快朵頤，不是有益魚類，就是有益人類，實為曠達樂觀的人生。

在天朗氣清的清明，令人想起王羲之蘭亭曲觴流水，飲酒賦詩的古風，祓除不祥、祈神降福的盛況。古時修禊事，在上巳之日，或許就是清明節，所謂「三月三，正清明」，杜甫也謂「三月三日天氣

新，長安水邊多麗人」，如今則是「三月清明天氣新」盡是「隴頭陌上掛紙（掃墓）人」。

在雲開氣清的三月佳日，望風遠懷，恐不只是祈求「清明晴，魚仔上高坪；清明雨，魚仔杈下『取』」而已吧！

四月四　桃仔來　李仔去

si³	ngied⁸	si³	to⁵	er⁵	loi⁵	li²	er⁵/e²	hi³
ㄒㄧ³	ㄫㄧㄝㄉ⁸	ㄒㄧ³	ㄊㄛ⁵	ㄜ⁵	ㄌㄛㄧ⁵	ㄌㄧ²	ㄜ²/ㄝ²	ㄏㄧ³
四	月	四	桃	仔	來	李	仔	去

　　四月四，桃仔來，李仔去。意指花香滿園的亮麗春天剛剛過去，綠葉成蔭，桃李滿枝的夏天就飄然而來，淡紅透黃的桃子，深紅衣裳的李子，在春風搖曳之下，彷彿隔葉傳聲，眉開眼笑，桃李傳情，送走了春日，迎來了夏天。

　　農曆四月，時序正式進入了夏季。許多春日開花的水果，到了四月，就陸陸續續地成熟了。此時，觸處所見蓊鬱的果園，都少不了桃與李，真是「四月四，桃子來，李子去」，好不熱鬧。

　　「桃紅李白」，令人想起美麗的童年；「蟠桃獻壽」，更有長駐人間的憧憬。桃李，繁榮了恬靜的鄉村，豐盈了大地，看那熱情的花朵，纍纍的果實，開花又結果，結果又開花，仍保持那優美的姿態，動人的豐姿，想那富貴的牡丹，長青的榕樹，他們只有一項專長；所謂「牡丹開花不結子，榕樹結子不開花」。可是，桃李啊，卻有天賦異稟，不但開花，而且結子，不論鮮花靚果，俱是詩的化身，畫的呈現，蟠桃滿樹，李子滿枝，溫存笑語，桃來李去，笑聲盈盈，舞姿翩翩，此景只應天上有，人間那得幾回看？真是桃子來尋李子寮，引得

楊梅也來湊熱鬧。

　　桃李兩兄弟，始終合作無間，有相輔相成之功，諺云「食桃肥，食李瘦」，意思是指想胖的人多吃桃，想瘦的人多吃李，從其所欲，心想事成。

　　桃李，美化了春天，充實了夏季，華實俱備，文質彬彬。古人所說：「桃李不言，下自成蹊」，實非虛語，而桃來李去的熱鬧繽紛，繁華景象，盼望不只四月而已！

范姜明華畫

四月八時節　楊梅叭叭跌

si³	ngied⁸	bad⁴	shi⁵/sii⁵	zied⁴
ㄒㄧ³	ㄙㄧㄝㄉ⁸	ㄅㄚㄉ⁴	ㄕㄧ⁵/ㄙㄥ⁵	ㄐㄧㄝㄉ⁴
四	月	八	時	節

rong⁵/iong⁵	moi⁵	bad⁸	bad⁸	died⁴
ㄖㄛㄥ⁵/ㄧㄛㄥ⁵	ㄇㄧ⁵	ㄅㄚㄉ⁸	ㄅㄚㄉ⁸	ㄉㄧㄝㄉ⁴
楊	梅	叭	叭	跌

　　四月八時節，楊梅叭叭跌，意指四月八時節，鮮紅的楊梅已成熟，如果尚未採摘，就如回風舞絮一樣，叭叭跌落，見之不免令人怦然心動，興起感思。有青春短暫、時光難留，有花堪折，有果須摘，莫蹉跎歲月，徒留遺憾之意。

　　滔滔孟夏，正當桃李熱鬧滾滾之際，楊梅已由綠色轉紅，迎風搖曳，紅豔欲滴的模樣，煞是可愛。但好景不常，轉眼之間，在四月初八左右，就紛紛掉落。母親常說：「四月八時節，楊梅叭叭跌。」為避免其隨風掉落，化為塵泥，就宜早日採摘。

　　自小就對楊梅極具好感，因為家鄉有棵楊梅樹，枝葉繁茂，果子圓潤鮮美，滋味又香又甜。聽說楊梅樹有男女性別之分，公的不會結果，母的則結實纍纍，有些種類又小又酸，有的又大又甜，而家鄉這棵正屬於後者，每年到了四月八，楊梅滿樹，翠豔欲流，朱紫列繡，

雕繪滿眼，真是豐收季節。

　　楊梅樹下吃楊梅，確是一大享受，所謂「吃桃肥，吃李飢；吃楊梅，樹下企（站）」，有時也捉迷藏，唸著「吃桃肥，吃李瘦；吃楊梅，园（藏）泥寶」，樹上鳥聲喎啾，樹下笑語聲揚，觸動樹葉，楊梅竟跌落如雨，翹首楊梅，一樹嫣紅，深情遠韻，真是人間美景，但好景易逝，好夢易醒，很快就會果去枝空，徒留惋歎，豈可不加珍惜？

　　如今，歲月的消逝，楊梅距我似是漸行漸遠，但每逢四月八，楊梅叭叭跌地之聲，卻愈益清晰而親切。

　　园泥寶　音 kong³ nai⁵ deu³（ㄎㄜㄥ³ ㄋㄞ⁵ ㄉㄜㄨ³）；
　　园，藏。
　　集韻：「园，藏也，口浪切。」

四月初八晴　瓜果好收成
四月初八雨　牛虻慢慢死

si³	ngied⁸	co¹/cu¹	bad⁴	ciang⁵
ㄒㄧ³	ㄫㄝㄉ⁸	ㄘㄛ¹/ㄘㄨ¹	ㄅㄚㄉ⁴	ㄑㄧㄤ⁵
四	月	初	八	晴

gua¹	go²	ho²	shiu¹/su¹	shang⁵/sang⁵
ㄍㄨㄚ¹	ㄍㄛ²	ㄏㄛ²	ㄕㄧㄨ¹/ㄙㄨ¹	ㄕㄤ⁵/ㄙㄤ⁵
瓜	果	好	收	成

si³	ngied⁸	co¹/cu¹	bad⁴	ri²/i²
ㄒㄧ³	ㄫㄝㄉ⁸	ㄘㄛ¹/ㄘㄨ¹	ㄅㄚㄉ⁴	ㄖㄧ²/ㄧ²
四	月	初	八	雨

ngiu⁵	mang¹	man⁷	man⁷	si²
ㄫㄧㄨ⁵	ㄇㄤ¹	ㄇㄢ⁷	ㄇㄢ⁷	ㄒㄧ²
牛	虻	慢	慢	死

　　四月初八晴，瓜果好收成；四月初八雨，牛虻慢慢死。意指四月初八如果晴天，象徵今年各種瓜果將有好收成；四月初八如果下雨，對於那些危害動物農作物的牛虻等，將會無待人力的慢慢死亡，真是晴亦喜，雨亦喜，充分表現出先民達觀開朗的人生觀，隨時可圓滿處理周邊複雜的事物。

四月，都期盼有豐沛的雨水，又能天朗氣清，祈求瓜果豐收，又要盡除蚊蟲為害，因此，一面說「四月初八晴，瓜果好收成」，一面又講「四月初八雨，牛虻慢慢死」，二者對晴雨的需求是不同的，就看天意如何了。

因為，梅雨不斷的四月，固然潤澤了萬物，但霪雨霏霏，早已積水盈野，田塍不通，幼嫩瓜果浸泡其中，豈不窒息而易腐？許多剛吐花蕊的瓜果，亦多受風雨摧殘，而無法結果，如果一旦放晴，積潦盡去，瓜果便可喘口氣而而順利成長，就是「四月初八晴，瓜果好收成」的佳兆；另則久雨不停，也使得蚊蟲無法繁衍，即使吸血大牛虻（蚊蟲）也會被消除，所以說「四月初八雨，牛虻慢慢死」。

四月初八，客家人多利用這天大清掃，採蘇芎葉等做藥草粄，可清涼解毒，以防痱子等發生，是夏令衛生的極佳示範，更因四月雨悟出了「四月芒種雨，五月無乾地，六月火燒埔」的氣象預報。意即，四月芒種時如果下雨，到了五月也不會停，及至六月便有旱象，荒埔如火燒一樣。

四月初八，不論晴雨，都各有利弊，所謂「四月八日無雨娘，揹車踏水到重陽」，與瓜果好收成是不同的，實須彼此相成相生，相反相成，過猶不及，雖非人力可控制，但樂觀以對，居安思危，如何防患未然，則須經驗與智慧的裁斷。

虻，本作蝱，一種形態與蠅相同的蟲，而體較大，有棘刺，吸牛血，化蛹成蟲，又稱 ngiu⁵ lug⁸ mang¹（ㄇㄧㄨ⁵ ㄌㄨㄍ⁸ ㄇㄤ）

五月毋食蒜　鬼在滣頭鑽

ng²	ngied⁸	m⁵	shid⁸/siid⁸	son³
ㄫ²	ㄫㄧㄝㄉ⁸	ㄇ⁵	ㄕㄧㄉ⁸/ㄙㄉ⁸	ㄙㄛㄣ³
五	月	毋	食	蒜

gui²	cai⁷	shun⁵/sun⁵	teu⁵	zon³
ㄍㄨㄧ²	ㄘㄞ⁷	ㄕㄨㄣ⁵/ㄙㄨㄣ⁵	ㄊㄝㄨ⁵	ㄗㄛㄣ³
鬼	在	滣	頭	鑽

　　五月節一過，天氣將益趨悶熱難當，各類蚊蟲容易孳生繁衍，疾病也容易感染蔓延。除了要注意衛生保健，打預防針外，更要多吃點蒜。如果五月不食蒜，屬鬼可能就在身邊徘徊，恐有采薪之憂。

　　因為炎炎夏日，各種毒蟲細菌，繁殖入侵極速，只要稍一疏忽，就罹患疾病，與其病發就醫，何如事先預防？而五月蒜頭，就是殺菌消毒的良方，驅邪防疫的利品，只要蒜頭出馬，邪惡細菌就會落荒而逃，身體自然健康，無邪鬼纏身之虞！真是小兵立大功。

　　五月要食蒜，生活才不會失算！其實就是藥補不如食捕，不是只要吃蒜而已！但，五月並非蒜頭盛產季節，須平日積貯，才不致匱乏，凡事亦然，不要輕視平凡事物，所謂「常將有日思無日，莫把無時當有時」，值得深思。

　　滣頭：旁邊

吂食五月粽　襖婆毋入甕

食了五月粽　被骨正上棟

mang^{5}	shid^{8}/siid^{8}	ng^{2}	ngied^{8}	zung^{3}
ㄇㄤ^{5}	ㄕㄧㄉ^{8}/ㄙㄉ^{8}	ㆫ^{2}	ㆫㄧㄝㄉ^{8}	ㄗㄨㄥ^{3}
吂	食	五	月	粽
o^{2}	po^{5}	m^{5}	ngib^{8}	vung^{3}
ㄛ^{2}	ㄆㄛ^{5}	ㄇ^{5}	ㆫㄧㄅ^{8}	ㄪㄨㄥ^{3}
襖	婆	毋	入	甕
shid^{8}/siid^{8}	liau^{2}	ng^{2}	ngied^{8}	zung^{3}
ㄕㄧㄉ^{8}/ㄙㄉ^{8}	ㄌㄧㄠ^{2}	ㆫ^{2}	ㆫㄧㄝㄉ^{8}	ㄗㄨㄥ^{3}
食	了	五	月	粽
pi^{1}	gud^{4}	zhang^{3}/zang^{3}	shong^{1}/song^{1}	dung^{3}
ㄆㄧ^{1}	ㄍㄨㄉ^{4}	ㄓㄤ^{3}/ㄗㄤ^{3}	ㄕㄛㄥ^{1}/ㄙㄛㄥ^{1}	ㄉㄨㄥ^{3}
被	骨	正	上	棟

未食五月粽，襖婆毋入甕；食了五月粽，被骨正（才）上棟。意指五月（端午）節左右，是季節氣候的分水嶺，在五月節前，雖有時天氣燠熱難當，可別急著將大衣外套收藏起來，以備不時之需；等到了五月節以後，再將禦寒衣物收起，還不算遲。有取法自然，謹慎處事，居安思危，及時應變的涵義在內。

五月節前的天氣，不只「春天面，時時變」而已。即使入炎夏，隨時可能乍暖還寒，甚至下雨，寒冷如冬，自古及今，多是如此，所以說：「未食五月粽，襖婆毋入甕；食了五月粽，被骨（棉被）正上棟。」襖婆就是舊式外套，甕是舊式紫紅櫃子，開法跟現在櫥子不大相同，棟是屋樑上的櫥架，以放置物品之用，這多是舊時所用，尤其是被骨（用了多年的老棉被，已骨瘦如柴），不是今日細緻鬆軟而溫暖的棉被可比，即使如此，也還是珍惜如常，捨不得丟棄的。

　　如果不了解天氣的寒暖無常，在粽葉飄香之際的初夏，看到烈日當空，燠熱無比，於是，便穿起了單薄的夏裝，並將外套棉被束之高閣，孰料，才一轉眼，氣溫遽降，竟至寒氣逼人，才翻箱倒櫃，找尋衣物，而頻頻抱怨，老天何以如此善變。其實，先民早已明示：五月粽子，尚未食用，襖袍被子，且慢收拾，更不可輕易入甕包箱，要靜觀其變，以備急需，才是圓融的處世原則。

五月南風漲大水

ng^{2}	ngied^{8}	nam^{5}	fung^{1}	zhong^{3}/zong^{3}	tai^{7}	shui^{2}/sui^{2}
ㄫ^{2}	ㄫㄧㄝㄉ^{8}	ㄋㄚㄇ^{5}	ㄈㄨㄥ^{1}	ㄓㄛㄥ^{3}/ㄗㄛㄥ^{3}	ㄊㄞ^{7}	ㄕㄨㄧ^{2}/ㄙㄨㄧ^{2}
五	月	南	風	漲	大	水

五月南風漲大水，意即在農曆五月，南風不停，勢必會下大雨，甚至造成災害，的確不可輕忽。

八十六年間，端午節前兩天，臺灣各地都颳起了強勁的南風，令人食睡不安，一直持續至端午，狂風仍然不停，但天色已漸暗，烏雲密布，至當晚，漸漸下起雨來，而初六下午開始，則雨勢滂沱，而且雷聲大作，驚天動地，結果溝深圳滿，道路成河，各地水鄉澤國，豪雨成災，造成三死一失蹤的慘劇，而雨勢尚未就此停歇。

有風就有雨，有狂風就有狂雨，所謂「狂風不過三、過三必狂雨」，意即驟起的狂風，雖然吹得人心神不寧，但是不會超過三天，一旦超過三日，必然會有傾盆大雨，而此次狂風剛好狂掃了三晝夜，才戛然而止，狂雨則急遽降臨，雷聲轟然響，雨點如繩粗，真是五月南風漲大水，大水降臨釀成災。

其實，五月本是夏天，夏天本來就是颳南風的，竟說五月南風漲大水，不是要我們居安思危、未雨綢繆嗎？況風為雨師，聞風而知雨，見微而知著，則五月南風實為指南矣！

五月北風平平過 六月北風毋係貨

ng²	ngied⁸	bed⁴	fung¹	piang⁵	piang⁵	go³
ㄫ²	ㄫㄧㄝㄉ⁸	ㄅㄝㄉ⁴	ㄈㄨㄥ¹	ㄆㄧㄤ⁵	ㄆㄧㄤ⁵	ㄍㄛ³
五	月	北	風	平	平	過

liug⁴	ngied⁸	bed⁴	fung¹	m⁵	he³	fo³
ㄌㄧㄨㄍ⁴	ㄫㄧㄝㄉ⁸	ㄅㄝㄉ⁴	ㄈㄨㄥ¹	ㄇ⁵	ㄏㄝ³	ㄈㄛ³
六	月	北	風	毋	係	貨

「五月北風平平過，六月北風毋係貨」這兩句客諺，意思是說：農曆五月吹北風，今年大概平平和和，雖無法完全的海晏河清、風調雨順，也不致糟到那裡；但六月如果颳起北風，就不禁悚然而驚，高深莫測，可能不是什麼好東西，恐有不祥之兆了。

記得八十五年八月九日下午，還是農曆六月時節，竟然颳起了北風，陰森寒氣頓時迎面而來，不旋踵間，雷雨交加，天昏地暗，那時賀伯颱風重創不久，瘡痍未復；山崩石落，橋斷路阻；水淹樓房，稻田馬路一片汪洋，而一切尚待復原之際，六月又遽然降臨了不受歡迎的北風，實在不能不早作提防。何況，「四月北風水打杈」（四月北風會作水災）「日震晴、夜震雨」（白天地震會晴天，夜晚地震會下雨）的徵兆已多有應驗，豈可不仰觀天時，師法自然，多份警惕之心？

然而，慮之於此，卻出之於彼，天災未再降臨，人禍則不斷發

生，震驚寶島的桃園縣長命案轟然而起，點亮了治安的紅燈，繁華的街燈夜景為之黯然失色，豈料驚魂未定之際，彭婉如命案又搶著上演，真是屋漏偏逢連夜雨，行船又遇打頭風，則六月北風，令人心驚肉跳！

　　荀子說：「風雨不時，怪之可也，畏之非也。」其實六月北風不足畏，可畏者是不能洞燭機先，思深慮遠，以綢繆牖戶，心靈改革；事後又不知亡羊補牢，以作前車之鑑，則又甚於六月北風之可畏矣。

五六月天捉鰗鰍　想魚成雙難上難

ng^{2}	liug^{4}	ngied^{8}	tien^{1}	zug^{4}	fu^{5}	ciu^{1}
ㄫ^{2}	ㄌㄧㄨㄍ^{4}	ㄫㄧㄝㄉ^{8}	ㄊㄧㄢ^{1}	ㄗㄨㄍ^{4}	ㄈㄨ^{5}	ㄑㄧㄨ^{1}
五	六	月	天	捉	鰗	鰍
siong^{2}	ng^{5}	shin^{5}/siin^{5}	sung^{1}	nan^{5}	shong^{7}/song^{3}	nan^{5}
ㄒㄧㄛㄥ^{2}	ㄫ^{5}	ㄕㄧㄣ^{5}/ㄙㄣ^{5}	ㄙㄨㄥ^{1}	ㄋㄢ^{5}	ㄕㄛㄥ^{7}/ㄙㄛㄥ^{3}	ㄋㄢ^{5}
想	魚	成	雙	難	上	難

當我們婚姻苦無對象，戀愛未能成功，事業困頓受阻，感情挫折失意，自會苦思良策。思之不成，因而眉頭深鎖，悵然若失；也許是機會失去，或是時機未到，而無著力點以籌畫解決時，正好像站在深水岸邊，望洋興歎一樣，就會說：「五六月天捉鰗鰍，想魚成雙難上難。」

五六月天捉鰗鰍，有什麼困難呢？看那春雨綿綿，加上幾番梅雨，「小滿江河滿」的夏季水漲之後，到處大小河川池塘，盡成澤國；不但見不到泥鰍，就是魚兒，也不易見；何況泥鰍喜藏水底泥濘之中，非深入水底，根本難覓芳蹤，復以河闊水深，如何捉得到鰗鰍呢？

鰗鰍捉不著，意思是所追求的目標達不到，必須另謀良方才是。因為，臨淵羨魚，不如退而結網，韜光養晦，沉潛努力，以待時而動，切不可暴虎馮河，壞了大事，強欲深水抓鰗鰍，恐會徒勞無功。

再深入思考，便會了解五六月之交，正是泥鰍魚兒繁殖哺育之際，多幼弱細小難以佐餐，縱使下網也無法捕取，何況，「數罟（細網）不入污池，魚鱉不可勝食」，古有明訓，很顯然的，五六月天捉鰗鰍，確實不是最適當的時機。

因此，五六月天捉鰗鰍，機緣未至，雖經努力，亦是空留歎息；想魚（你）成雙，也是難上加難，好比「古井深處種幽蘭，賞花容易採花難；啞巴吃飯單枝箸（筷），想要湊雙（成對）開口難」一樣啊！

（郎號）高山流　周泓．明　仝一圖

六月炙火囪　笑死老阿公

liug^4	ngied^8	zhag^4/zag^4	fo^2	cun^1
ㄌㄧㄨㄍ^4	ㄫㄧㄝㄉ^8	ㄓㄚㄍ^4/ㄗㄚㄍ^4	ㄈㄛ^2	ㄘㄨㄥ^1
六	月	炙	火	囪

siau^3/seu^3	si^2	lo^2	a^1	gung^1
ㄒㄧㄠ^3/ㄙㄝㄨ^3	ㄒㄧ^2	ㄌㄛ^2	ㄚ^1	ㄍㄨㄥ^1
笑	死	老	阿	公

　　炎熱六月，人們莫不頻頻揮扇納涼，或開冷氣以消暑意，如果有人還手抱著火囪（舊時農業社會禦寒的器具）呼叫寒冷，那可真是天大笑話，世間果有這種不識時務的人，可能連老態龍鍾的老阿公都要取笑他了，因此便說：「六月炙（焙，靠火以取暖）火囪，笑死老阿公」。有簡單道理都不懂的含義在內。

　　然而，六月炙火囪，其錯不在火囪，而在使用之人。因為，尺有所短，寸有所長，天生萬物，各有其用。用之於此，或許失之於彼，寒天之為實者，夏日恐無用武之地，時有利有不利，火囪亦然。火囪是以前冬天老人的寵物，可是，到了夏天，時移勢變，如還抱著火囪不放，真是不可思議，就連老阿公也會譏笑不已，不是憨癡迷糊，就是冥頑不靈了。因此，六月炙火囪，實在是不能審度形勢，缺乏基本處世能力，難以辨認是非善惡，就如做事不知變通，任用人才失當，

扼殺千里馬一般；輕者懷才不遇，有志未伸；重者猜忌銜怨，功敗垂成，譬如南轅北轍，抱薪救火，非徒無益，而又害之。

六月不必炙火囪，就如寒冬不必扇涼開冷氣一樣，這簡易道理如果不懂，難怪老阿公要笑了。因此，行事如不能洞明周遭形勢，掌握時代脈動，一味故步自封，守株待兔；或方枘圓鑿，冬葛夏裘，不知權變，於己則固然未受其利，於物則蒙不肖之名；則六月炙火囪，是物我俱受其害矣！

選自中國古建築大觀

六月火囱難兼身

liug⁴	ngied⁸	fo²	cung¹	nan⁵	giam¹	shin¹/siin¹
ㄌㄧㄨㄍ⁴	ㄇㄧㄝㄉ⁸	ㄈㄛ²	ㄘㄨㄥ¹	ㄋㄢ⁵	ㄍㄧㄚㄇ¹	ㄕㄣ¹/ㄙㄣ¹
六	月	火	囱	難	兼	身

　　火囱，又稱火籠，是農業社會禦寒的工具。一到夏天，便被束之
高閣，尤其是炎熱的六月，更是避之猶恐不及，有誰取用六月火囱以
避寒？如果也有像六月火囱那樣難以接近的人或事，就會說：六月火
囱難兼（近）身。

　　六月火囱，為什麼難以近身呢？因為，火囱本是裝足炭火，提高
熱度，在嚴寒用於取暖以避寒氣的；可是在盛夏六月，本已酷熱如
火，暑氣逼人，汗流浹背，取扇之不及，一見火囱，可能就會像吳牛
喘月般的喊熱，有誰還敢再去接火囱呢？社會上也有像六月火囱那樣
難以相處的人，恐怕不易被人了解；其實，他何嘗沒有優點，假以時
日，冬天到了，不是挺受歡迎嗎？

　　因此，六月火囱難兼身和秋扇見捐一樣，不是火囱和扇子的過
錯，實乃取用時機的不當而已。我們避開了六月火囱，以為他一無是
處，甚至誤解它那麼難以接近，只是不了解它的內涵，其實，它正是
冬日裡人們的最愛。因為，火囱之於六月，與扇子之於深秋，同樣是
時不我予、英雄無用武之地啊！

天不得時，日月無光；地不得時，草木不長；人不得時，利運不通。六月火囡，何嘗不然？世間自許為伯樂與千里馬者，是否即時調兵遣將、展其長才；還是韜光養晦、沉潛蓄志以待時而動？則六月火囡可供參考。

火囡　羅香妹攝

六月牛眼——白核（囫）

<table>
<tr><td>liug⁴</td><td>ngied⁸</td><td>ngiu⁵</td><td>ngan²/ngien²</td><td>——</td><td>pag⁸</td><td>fud⁸</td></tr>
<tr><td>ㄌㄧㄨㄍ⁴</td><td>ㄋㄧㄝㄉ⁸</td><td>ㄋㄧㄨ⁵</td><td>ㄋㄢ²/ㄋㄧㄢ²</td><td>——</td><td>ㄆㄚㄍ⁸</td><td>ㄈㄨㄉ⁸</td></tr>
<tr><td>六</td><td>月</td><td>牛</td><td>眼</td><td>——</td><td>白</td><td>核（囫）</td></tr>
</table>

　　臺灣北部的牛（龍）眼，一般多在農曆七月才普遍成熟，可以食用，而在六月，大部分是不成熟的，裡面的核是白色，白核龍眼，味淡而苦，如若強欲吞食，就和「囫」圇吞棗一樣，不得其味，又浪費糧食，可謂：「六月牛眼，白核（囫）」含有行為莽撞、摧殘幼苗、佔人便宜之意在內。

　　龍眼樹大而高，一到六月，枝葉茂密，結實纍纍、繁果壓枝，笑容可掬，真如太平盛世景況，鮮有不垂涎欲滴者。只是，這時可別唐突採摘，因為，裡面果核尚白，晶瑩果肉也仍淡而無味，一旦強行入口，立有食之味苦、棄之可惜的尷尬場面。長輩常以「六月牛眼——白核（囫）」之言以告誡子弟，為人處世，宜端正嚴謹，切不可性急躁進，行百里者半九十，未能堅持最後成功的一刻，而前功盡棄，就如食了六月白核的龍眼，卻毀了長期醞釀的功夫，於果於人，俱無好處，真是「齊亦未得、魯亦失之」，豈非可惜之至！

　　白「核」龍眼，尚未成熟；「囫」圇吞下，食之無味，這二者又有何關係呢？原來，白「核」〔fud〕與「囫」〔fud〕（未經細嚼而食）客音相同，為「食」之一語變雙關，白核，白囫就成了「白食」

之意，有吃得毫無意義佔人便宜、僭越本分的感覺，既然吃得無意義，何如不吃，以待時採摘，即「斧斤以時入山林，林木不可勝用」的涵義，則六月龍眼，實如未成熟的瓜果與未長成的少年男女一樣，怎能不呵護備至呢？

龍眼　羅香妹攝

好愁毋愁　愁六月天公無日頭

ho²	seu⁵	m⁵	seu⁵
ㄏㄛ²	ㄙㄝㄨ⁵	ㄇ⁵	ㄙㄝㄨ⁵
好	愁	毋	愁

seu⁵	liug⁴	ngied⁸	tien¹	gung¹	mo⁵	ngid⁴	teu⁵
ㄙㄝㄨ⁵	ㄌㄧㄨㄍ⁴	ㄫㄧㄝㄉ⁸	ㄊㄧㄢ¹	ㄍㄨㄥ¹	ㄇㄛ⁵	ㄫㄧㄉ⁴	ㄊㄝㄨ⁵
愁	六	月	天	公	無	日	頭

　　炎夏六月，暑熱難當，大家對天上如火的日頭，避之唯恐不及，鮮有擔心六月天公無日頭的。可是，偏有一些憂心忡忡之士，擔憂太陽不出來，這種杞人憂天，愁慮過深，憂愁不必憂愁之事者，便說是：「好愁毋愁，愁六月天公無日頭。」

　　好愁毋愁，愁六月天公無日頭，是說：該憂慮的不憂慮，該憂愁的不憂愁，卻憂愁那盛暑六月，沒有太陽，顯是過慮了，即使是太陽暫不出來，也正好涼爽一下，就像在阿里山或廬山避暑一樣清涼，有何可擔憂的呢？想那六月日頭，如火傘高漲，舉手投足之間，就汗流如注，真是舉袂成「瀑」，揮汗成「洪」，看到太陽，就如吳牛喘月一樣，懼然而驚，又怎會擔心太陽不出來呢？不是情感脆弱的畏懼，就是缺乏遠慮思考的宏觀；判斷錯誤於前，處理失當於後，畏葸怯懦的杞人憂天，導致失去掌握天時地利的良好時機，而慌張失措，於成

已成物，俱無助益。

更何況，六月日頭正是「夏至」極熱之時，所謂「六月三日晴，山藤盡枯零」，「六月六，曬得雞蛋熟」，「六月裡的日頭，晚娘的拳頭」，可見六月日頭的兇悍霸道，豈可等閒視之，今不思避暑，反為之擔憂，真是急不急之物，本末倒置，重者輕之，輕者重之；厚者薄之，薄者厚之，實非經世濟民，待人處世的良方，可供思考。

張秋台　臺灣耕耘系列專輯　插秧蒔田

六月日頭七月火　八月曬死草

liu^4	ngied^8	ngid^4	teu^5	cid^4	ngied^8	fo^2
ㄌㄧㄨ^4	ㄫㄧㄝㄉ^8	ㄫㄧㄉ^4	ㄊㄝㄨ^5	ㄑㄧㄉ^4	ㄫㄧㄝㄉ^8	ㄈㄛ^2
六	月	日	頭	七	月	火

bad^4	ngied^8	sai^3	si^2	co^2
ㄅㄚㄉ^4	ㄫㄧㄝㄉ^8	ㄙㄞ^3	ㄒㄧ^2	ㄘㄛ^2
八	月	曬	死	草

一般而言，炎熱的時節應是夏天的四、五、六月。可是，持續炎夏的餘威，秋季七八月的酷熱更是滾燙如火，連草都曬死。所以說：六月日頭七月火，八月曬死草。意即：夏末秋初的六、七、八月，真是太熱了。

農曆六月，炎熱方酣，雖然學校放了暑假，但農民卻正如火如荼的下田收割、插秧，忙得團團轉，而且大地歷經了四、五月的曝曬，已經悶熱難當，在這烈日下，農民要耕田除草，士兵要出操訓練，工人要揮汗工作，沒有不叫苦連天的，面對七月火燄般的日頭，八月火球般的太陽又更為炎熱，可將青草活活曬死，難怪人人都怕秋老虎，就是指七、八月而言。

六月日頭七月火，八月曬死草，和詩經豳風「七月流火」一樣，同樣道出滾動火球的燠熱，更是對在炎陽下勞動者，流露出無限的關

懷，想那「鋤禾日當午，汗滴禾下土」的情景，能不感念盤中飧的粒粒皆辛苦嗎？

張秋台　臺灣耕耘系列專輯　午後小憩

雷打立夏田開裂

lui⁵	da²	lib⁸	ha⁷	tien⁵	koi¹	lied⁸
ㄌㄨㄧ⁵	ㄉㄚ²	ㄌㄧㄣ⁸	ㄏㄚ⁷	ㄊㄧㄢ⁵	ㄎㄛㄧ¹	ㄌㄧㄝㄉ⁸
雷	打	立	夏	田	開	裂

　　民國八十六年五月五日是立夏，不料新竹地區突然響起了轟天大雷，造成二百家廠商損失慘重，二十三萬用戶不便，一千五百頭豬隻當場雷殛死亡，轉眼之間，全部損失高達十億元以上，恰如客諺所云：「雷打立夏田開裂」的無妄之災。

　　意即：立夏打雷，將是今年田地會有崩裂的象徵，不是水災的田地流失，就是旱災的土地龜裂，不能不早作植樹防洪，儲水防旱多方的準備，以避不測。時至今日，「田」之意，可包含有形無形的田地財產，並擴充至我們生活的空間，為人處事，應腳踏實地，多方設想，防患未然，古者仰觀俯察，頻獲啟示，實不宜以事小而輕棄，如「十二月打雷，豬子不用槌」，是口蹄瘟疫的預警，證之今日，豈非明甚？今又「雷打立夏田開裂」，造成立即不可計數的損失，前人長期觀察的經驗智慧，又如何能說是巧合呢？

　　此事雖小，可以喻大，眾人之事何嘗不然？凡有益於民者，則雷打立夏，真應戒惕惻隱，寧可信其有的立即加速心靈改革，道德教育，傳統文化的紮根工程，而非僅只追求經濟利益而已，如此，方可

力避廣義的田間崩裂，人心流失？以達到和諧安全的生活環境，則雷打立夏田開裂，誠可作為全民的座右銘！

羅香妹攝

六月天公　家神牌會震動

liug⁴　ngied⁸　　tien¹　　gung¹
ㄌㄧㄨㄍ⁴　ㄅㄧㄝㄅ⁸　ㄊㄧㄢ¹　　ㄍㄨㄥ¹

六　　月　　天　　公

ga¹　shin⁵/siin⁵　pai⁵　voi⁷　tin¹　tung¹
ㄍㄚ¹　ㄕㄣ⁵/ㄙㄣ⁵　ㄆㄞ⁵　ㄪㄛㄧ⁷　ㄊㄧㄣ¹　ㄊㄨㄥ¹

家　　神　　牌　　會　　震　　動

　　當我們忙碌不堪，不勝負荷時，也許不斷怨歎著：好忙啊！但舊時農業社會，在炎熱的六月天，形容忙碌的情況，就會誇大說：「六月天公，家神牌會震動」，真是忙得不得了。

　　六月天公，家神牌為什麼會震動呢？原來，六月正是收割的農忙季節，眼看一片平疇沃野，金黃稻穗，閃閃發光，豐盈的喜悅，寫在農民的臉上。然而，也正是忙碌的開始。於是，收割、打穗、裝穀、挑擔、曬穀、整地、緔稈（把稻稈一綑一綑綁起），一連串的工作，毫無間斷；尤其是在酷熱的豔陽下收割、曬穀、挑擔、犁田、播種、培苗、插秧、從室外的粗重工作，到室內婦女的點心準備，曬穀場上穀子的均勻，雞群的驅趕，風車的去蕪存菁，動員了全家大小，老弱婦孺，看他擦身而過，看她匆匆而來，吆喝這、叮嚀那，全家鼎沸，似在搖動之中，連家神牌（祖先牌位）都好像也在蓄勢待發。這種忙

碌，用今日機器收割的便利，真是不可同日而語。

　　六月天公，確是忙碌的季節，忙得家神牌位都不忍旁觀，想要飄然落地，一起幫忙，陡然之間，士氣大增，因為，連去世的祖先都在躍躍欲試的幫忙，所以又說：「六月天公，沒有老阿公；六月割禾，沒有老阿婆。」這樂觀奮鬥，飲水思源，心有靈犀，感天謝地及具體而生動的比喻。

張秋台　臺灣耕耘系列專輯　打穀脫粒

六月乾塘係少見　臘月漲水從來無

liug⁴	ngied⁸	gon¹	tong⁵	he³	shau²/seu²	gien³
ㄌㄧㄨㄍ⁴	ㄇㄧㄝㄉ⁸	ㄍㄛㄣ¹	ㄊㄛㄥ⁵	ㄏㄝ³	ㄕㄠ²/ㄙㄝㄨ²	ㄍㄧㄢ³
六	月	乾	塘	係	少	見

lab⁸	ngied⁸	zhong³/zong³	shui²/sui²	ciung⁵	loi⁵	mo⁵
ㄌㄚㄅ⁸	ㄇㄧㄝㄉ⁸	ㄓㄛㄥ³/ㄗㄛㄥ³	ㄕㄨㄧ²/ㄙㄨㄧ²	ㄑㄧㄨㄥ⁵	ㄌㄛㄧ⁵	ㄇㄛ⁵
臘	月	漲	水	從	來	無

　　人類長期仰觀俯察所發現事有必至，理有必然，無可更易或懷疑的自然現象，多情男女，經常會對此融情入景，立下誓約，以明不變的心志，如客諺云：「六月乾塘係少見，臘月漲水從來無」。為什麼呢？

　　因為臺灣六月，雖然炎熱，但夾雜著颱風，雷陣雨及自開春以來累積的雨量，可說水滿四澤，難見乾塘；插秧種田，雨水豐沛；而在十二月，則寒氣籠罩，草枯葉黃，至於斷岸千尺，河水消退，絕無漲水之虞。熱戀男女或甜蜜夫妻，為了表現自己千般愛意，款款深情，比作六月水塘一樣，盈盈弱水，無處不情，無微不至，以示海枯石爛，此情不渝；雖時移世變，也絕不會離心離德，另萌異心；厭舊喜新，拂袖而去；就如臘月漲水相同，那是從未發生過的事。

　　六月水澤，水闊而情深；臘月漲水，古罕而今無。世間男女，有

情夫妻，真應長保六月水塘的深情，切不可有臘月漲水的驚變，才是
情景交融，安詳而永恆。

六月天公腳痛　痛到笑

三十暗晡嘴痛　痛到噭（哭）

liug⁴	ngied⁸	tien¹	gung¹	giog⁴	tung³
ㄌㄧㄨㄍ⁴	ㄇㄧㄝㄉ⁸	ㄊㄧㄢ¹	ㄍㄨㄥ¹	ㄍㄧㄛㄍ⁴	ㄊㄨㄥ³
六	月	天	公	腳	痛

tung³	do³	siau³/seu³
ㄊㄨㄥ³	ㄅㄛ³	ㄒㄧㄠ³/ㄙㄝㄨ³
痛	到	笑

sam¹	shib⁸/siib⁸	am³	bu¹	zhoi³/zoi³	tung³
ㄙㄚㄇ¹	ㄕㄣ⁸/ㄙㄣ⁸	ㄚㄇ³	ㄅㄨ¹	ㄓㄛㄧ³/ㄗㄛㄧ³	ㄊㄨㄥ³
三	十	暗	晡	嘴	痛

tung³	do³	giau³/gieu³
ㄊㄨㄥ³	ㄅㄛ³	ㄍㄧㄠ³/ㄍㄧㄝㄨ³
痛	到	噭（哭）

　　痛，是刺骨銘心、難以忍受的。而同樣是痛，六月天公時的腳痛，竟然痛到笑；三十暗晡（晚上）嘴痛，卻痛到哭，真是此一時也，彼一時也，時移勢變，各有考量。這是舊時農業社會辛苦生活，率真輕鬆的寫實，深入探討，也不可以辭害意。

　　為什麼六月天公腳痛，會痛到笑；三十（除夕）暗晡嘴痛，會痛到哭呢？實因盛夏六月，酷熱無比，驕陽炙烈，尚須在田裡收割挑

擔，莫不汗流浹背，悶熱難當；衣衫盡濕，揮汗成雨，其工作之辛勞，人盡皆知。而此時全家無分大小，皆須耕田，少有例外，唯有臥病腳痛之人，才會免除工作的，而六月天公腳痛，勢必無法挑起百斤擔子，得以暫時喘息，坐在涼樹下，迎著習習南風，不是痛到泛起微笑嗎？

　　終年辛勞，好不容易盼到了新年。團圓的除夕夜，豐富的年夜飯，想那雞鴨魚肉，美酒佳肴，不到年節，是難得見的，平日三餐，過著「苦瓜無油苦啾啾，菜瓜無油滑溜溜」的平淡生活，怎不飢腸轆轆，垂涎三尺？偏偏此時，「口」失前蹄，嘴疼牙痛，在歡樂氣氛裡，欲哭無淚，欲語無言，面對齒頰留香的山珍海味，不是痛到哭嗎？

張秋台　臺灣耕耘系列專輯　割禾收成

六月秋　緊啾啾　七月秋　寬悠悠

liug⁴	ngied⁸	ciu¹	gin²	ziu¹	ziu¹
ㄌㄧㄨㄍ⁴	ㄗㄧㄝㄉ⁸	ㄑㄧㄨ¹	ㄍㄧㄣ²	ㄐㄧㄨ¹	ㄐㄧㄨ¹
六	月	秋	緊	啾	啾

cid⁴	ngied⁸	ciu¹	kon¹	riu¹/iu¹	riu¹/iu¹
ㄑㄧㄉ⁴	ㄗㄧㄝㄉ⁸	ㄑㄧㄨ¹	ㄎㄛㄣ¹	ㄖㄧㄨ¹/ㄧㄨ¹	ㄖㄧㄨ¹/ㄧㄨ¹
七	月	秋	寬	悠	悠

　　這句客諺意思是：六月立秋，將會使本來就十分忙碌的農事，忙得更不可開交；而如果是七月才立秋的話，就時序正常運作，可以較為從容不迫、寬裕有餘了。

　　六月立秋與七月立秋，又有什麼緊寬區別呢？原來一年四季，六月是為季夏，正是稻子成熟季節，紛紛忙著收割曬穀等農事，所謂「小暑小禾黃，大暑滿田光」（小暑時節，滿田都是金黃色的稻穗，到了大暑，就全部收割完畢，田裏已成了光溜溜的一片）。而小暑、大暑一般多在六月，可是，時序一旦提前，六月就要立秋，秋涼之氣如果提早降臨，勢必會影響稻作生長，因此，最慢一定要在立秋之前把秧插好，將來才會好收成，所以又有「立秋前，好蒔田；立秋後，好種豆」的說法，既然在立秋前要把田插好，立秋偏又在六月，則六月忙碌就如弓弦一樣，繃得緊緊，沒得空閒，以免「六月秋，樣樣

丟」（六月立秋，怕收成不好）啊！

　　至於到了七月才立秋，收割與插秧的時間顯然有一段距離，只要照著正常進度，就比較不會忙得人仰馬翻，而有充裕的時間了，所以說「七月秋，寬悠悠」，這和「年前交春（立春）緊啾啾，年後交春寬悠悠」「七月秋，樣樣收」（七月立秋，大概會豐收），意義是相通的。

　　今年（八十六年），一直到七月初五才立秋，放眼四望，所有稻田已經遍地都是綠色的小天使了，而六月的忙碌，到現在總算告一段落，然而，一想到「水淺愁秧枯，水深怕秧腐」的詩句時，不禁悚然而驚，而用天時之後，豈非更要盡地利，則不論是六月秋或七月秋，都疏忽不得的。

張秋台　臺灣耕耘系列專輯　倏倏鐮聲

七月落水又起風　十個柑園九個空

cid[4]	ngied[8]	log[8]	shui[2]/sui[2]	riu[2]/iu[2]	hi[2]	fung[1]
ㄑㄧㄉ[8]	ㄫㄧㄝㄉ[8]	ㄌㄛㄍ[8]	ㄕㄨㄧ[2]/ㄙㄨㄧ[2]	ㄖㄧㄨ[2]/ㄧㄨ[2]	ㄏㄧ[2]	ㄈㄨㄥ[1]
七	月	落	水	又	起	風

shib[8]/siib[8]	gai[3]/ge[3]	gam[1]	rian[5]/ien[5]	giu[2]	gai[3]/ge[3]	kung[1]
ㄕㄧㄅ[8]/ㄙㄅ[8]	ㄍㄞ[3]/ㄍㄝ[3]	ㄍㄚㄇ[1]	ㄖㄧㄢ[5]/ㄧㄢ[5]	ㄍㄧㄨ[2]	ㄍㄞ[3]/ㄍㄝ[3]	ㄎㄨㄥ[1]
十	個	柑	園	九	個	空

　　安珀颱風來襲，所造成的災害雖然不重，然而，在電視畫面所見到的山林劫後景觀，竟然到處都是滿園摧殘落地的柑橘與柚子，農民悵然無奈的表情，顯得十分落寞，真是「七月落水又起風，十個柑園九個空」。

　　翻開臺灣風災史，泰半都是七月強颱大水造成災害，遠者已矣，近者如八十五年賀伯的慘痛教訓，八十六年如溫妮的蹂躪肆虐之後，安珀也不甘寂寞的湊上一腳，都是選在七月來臨。七月的颱風，威力特別強大，自七月初一開始，人們對於風雨就特具戒心與警惕，如「七月初一雨，落得萬人愁」（七月初一下雨，下得大家都憂愁），「七月七，上晝落雨斷人糧，下晝落雨斷牛糧」（七月七日，上午下雨人類糧食會缺乏，下午下雨牛羊等動物的糧食會缺乏，意即所有糧食都有匱乏之憂，不只是柑橘等果園空蕩蕩而已），看來七月的風所

帶來的水，確是令人畏懼三分，難怪又有人說：「不怕七月半介（的）鬼，就怕七月半介（的）水，」證諸七月半的溫妮，林肯大郡的慘劇，竟從柑園之空蔓延至住家，七月水之屬於鬼，洵非虛言。

　　七月風，會帶來大量的雨水，稍有不慎，可釀成災；七月雷，也會有大水，如「七月七日響雷公，大水平天公」，真有洪水滔天之勢，不能不想起八十五年「雷打冬，（今年）十個牛（豬）欄九個空」的讖語警惕，這和「七月落水又起風，十個柑園九個空」真是不謀而合。

范姜明華畫

七月半介鴨子——毋知死

| cid⁴ | ngied⁸ | ban³ | gai³/ge³ | ab⁴ | er⁵/e² | —— | m⁵ | di¹ | si² |

$$cid^4 \quad ngied^8 \quad ban^3 \quad gai^3/ge^3 \quad ab^4 \quad er^5/e^2 \quad —— \quad m^5 \quad di^1 \quad si^2$$

$$ㄑㄧㄅ^4 \quad ㄐㄧㄝㄅ^8 \quad ㄅㄢ^3 \quad ㄍㄞ^3/ㄍㄝ^3 \quad ㄚㄅ^4 \quad ㄜ^5/ㄝ^2 \quad —— \quad ㄇ^5 \quad ㄅㄧ^1 \quad ㄒㄧ^2$$

七　月　半　介　鴨　子——毋　知　死

　　臺灣客諺有句：七月半介（的）鴨子——毋知死。七月半是一個融合儒釋道等三教的重要民俗節日，是中元節，要祭祀祖先，普渡眾生，有神豬供奉，拜雞又拜鴨，為什麼偏說鴨子不知死呢？

　　原來，客家人祭祀祖先神明，大多用雄雞或閹雞，尤其是祭拜天公，更是非用雄雞不可，但雄雞體力消耗多，飼養耗時費日，又不易肥大，於是改用閹雞，大者重至十多斤，真是氣勢非凡。農業社會，土雞一向戶外自由活動，容易餵養，且肉質鮮嫩，味道甜美，是飲食滋補上品，如雞酒、人參雞、藥膳雞等，品高質精，令人垂涎，與今日飼料雞言，簡直不可同日而語；至於鴨子，亦難以望其項背。

　　易養的鴨子在農業社會，比起雞來，是低賤的。不但上不了供桌，對於開刀、手術、麻疹等疾病者，更是不宜食用，顯然鴨子是不受重視的。但鴨子自春天誕生以來，到了七月，早已豐姿翩翩，成熟肥美，外觀也壯碩無比，引起人們注意。雖然無法拜神，但七月要祭祀好兄弟，普渡各地孤魂野鬼，而逢年過節，土雞都快殺光了，實在捨不得將肥美的閹雞，去普渡鬼神，這時，鴨子正好派上用場。而鴨

子還天真無邪、成群結隊的在樹蔭下休息，在池塘裡游泳，碰到主人還ㄍㄚ、ㄍㄚ、ㄍㄚ親切熱情的呼叫著，毫無戒心，更無大禍臨頭的徵兆，看到眼裡，真是不忍，只好無奈的說：哎！真是七月半的鴨子——不知死！

這句諺語，除了說明善良的鴨子，被最親近的人類出賣、屠殺都不知道，還把他當作親密朋友，不斷示好，真是不知人間險惡予以同情之外，更寄語大家要居安思危，洞明利害。只是，聰明的人類，有時亦不知自己身陷危險還批評別人，那更是七月半的鴨子——不知死，真是使「後人而復哀後人也」！

隱然之間，也對人們的趕盡殺絕，作含蓄的諷刺！

七八月介王菩　皮老心毋老

cid⁴　　bad⁴　　ngied⁸　　gai³/ge³　　vong⁵　　pu⁵
ㄑㅣㄉ⁴　ㄅㄚㄉ⁴　ㄇㅣㄝㄉ⁸　ㄍㄞ³/ㄍㄝ³　ㄎㄛㄥ⁵　ㄆㄨ⁵

七　　八　　月　　介　　王　　菩

pi⁵　　lo²　　sim¹　　m⁵　　lo²
ㄆㅣ⁵　ㄌㄛ²　ㄒㅣㄇ¹　ㄇ⁵　ㄌㄛ²

皮　　老　　心　　毋　　老

　　七八月介（的）王菩（南瓜），皮老心毋老，意指有志氣的老人，雖然外貌蒼老古樸，仍然意志堅強，意氣風發，永保一顆赤子之心，力圖上進，清純無比。也啟示我們不可以貌取人，要重其內涵，多學習七八月的南瓜，英氣內歛，不畏外在艱苦環境，內心永保年輕，積極求進。

　　臺灣南瓜，質精味美，多在春日播種，經過一夏的薰陶培育，到了七八月間，已從風塵僕僕的慘綠少年，成了壯碩無比的英雄好漢，在豔光照人的熱情奔放後，似乎顯露皮膚泛黃的老態龍鍾，如今，像是熟透的蘋果一樣，如果再不採摘，就會隨秋草枯萎凋謝。可是，也許沒有料到，外貌沒有其他珍果的冰清玉潔，卻最能貯藏久存，傲視群瓜，縱然藤枯葉落，南瓜風采依舊屹立，真是「王菩」後凋於「盛夏」，「香氣」不已於風雨，可見生命力之堅韌強固。不只如此，一

旦燜燉烹熬，炒炸煎煮，製成精美佳肴後，就香氣四散，美味繚繞，令人垂涎。看那王菩內心，鮮嫩香醇，入口即化，其子香甜，其皮清脆，齒頰留香，與外表粗老醜陋，成了鮮明對比，這不是七八月的南瓜，皮老心不老嗎？

　　古時孔子以貌取人，失之子羽；我們如若以貌取「瓜」，將會失之「王菩」，而南瓜始終無怨無悔。其外表老醜，內心年輕；謙謙君子，允宜自立自強；歲月衰老不苦惱，人生七十不孤寂；美人遲暮不嗟歎，英雄困頓不感傷，永遠都能終日乾乾，惕勵奮發，竟不知老之將至，就如老驥伏櫪，志在千里；烈士暮年，壯心不已，豈不是七八月的王菩，皮老心不老？

王菩　南瓜。語見《呂氏春秋‧孟夏紀》：「蚯蚓出，王菩生。」

王菩（南瓜）　羅香妹攝

七月頭立秋　早暗也有收

cid⁴	ngied⁸	teu⁵	lib⁸	ciu¹
ㄑㄧㄉ⁴	ㄫㄧㄝㄉ⁸	ㄊㄝㄨ⁵	ㄌㄧㄅ⁸	ㄑㄧㄨ¹
七	月	頭	立	秋

zo²	am³	ria⁷/ia³	riu¹/iu¹	shiu¹/su¹
ㄗㄛ²	ㄚㄇ³	ㄖㄧㄚ⁷/ㄧㄚ³	ㄖㄧㄨ¹/ㄧㄨ¹	ㄕㄧㄨ¹/ㄙㄨ¹
早	暗	也	有	收

　　立秋，不是在六月，就是在七月，而「七月頭立秋，早暗也有收」，更象徵今年又是大豐收，充滿著無限希望，尤其是「七月秋，慢悠悠」，耕作時間充裕，作息正常，難怪七月立秋，早晚都會有豐盈喜悅的收成。

　　立秋，是季節變化的指針，從「立秋可以看秋」，立秋之日，明顯就有秋意了，而「立秋前後颳北風，禾兒收成一定豐」，「立秋西南風，禾稻可倍收」，立秋的風，對農作物的幫助不小；秋風既然來了，是否帶些秋雨更好呢？所謂「立秋無雨似堪憂，萬物雖豐只半收」，「立秋無雨甚堪憂，植物徒然只半收；處暑若逢天下雨，縱然結實也難留」，其意就是立秋有雨，秋收歡喜，真是如獲至寶，於是，又有「立秋一場雨，遍地是黃金」，「立秋三場雨，稗兒變成米」等說法，可見立秋之雨，是喜上加喜；但也有另一種講法；「雷

打秋，對半收」，「立秋有雨萬物去，處暑有雨萬物收」，「立秋落雨廿日旱，二十日後爛稻稈」，看來，立秋不論有無颱風下雨，都不是重點，重要的是把握時機，努力工作，才是正途。

立秋，種什麼好呢？種各種瓜豆青菜最好，所謂「立秋後，好種豆」，「立秋不栽蔥，霜降必定空」，「七月蔥，八月蒜」，如要搶價錢，也可以提前「七月半，種旱蒜」，要隨時掌握天時地利與人和。我們處在今日工商社會，並非人人都可種菜，但如也能把握七月不是立秋的立秋，不也是早晚都會有成果嗎？

張秋台　臺灣耕耘系列專輯　篩穀

雲遮中秋月　水打元宵夜

run⁵/iun⁵	zha¹/za¹	zhung¹/zung¹	ciu¹	ngied⁸
ㄖㄨㄣ⁵/ㄧㄨㄣ⁵	ㄓㄚ¹/ㄗㄚ¹	ㄓㄨㄥ¹/ㄗㄨㄥ¹	ㄑㄧㄨ¹	ㄇㄧㄝㄉ⁸
雲	遮	中	秋	月

shui²/sui²	da²	ngien⁵	siau¹/seu¹	ria⁷/ia³
ㄕㄨㄧ²/ㄙㄨㄧ²	ㄉㄚ²	ㄇㄧㄝㄣ⁵	ㄒㄧㄠ¹/ㄙㄝㄨ¹	ㄖㄚ⁷/ㄧㄚ³
水	打	元	宵	夜

　　雲遮中秋月，水打元宵夜（節）。這是一句氣象預測的客家農諺。意思是中秋晚上，如果烏雲遮月，或是下雨，明年元宵節的夜晚，可能也會下雨。

　　雲遮中秋月，明年一定水打元宵節嗎？根據幾年的觀察：八十四年的中秋節，烏雲遮月，八十五年的元宵節，果然陰雨綿綿；去年（八十五年）中秋，也是月隱雲中，今年雖無水打元宵，但卻陰暗終夜，因此，不論是臺灣客家或是中國南方，都有「八月中秋雲遮月，來年元宵雨打燈」，及中國北方也有「八月十五雲遮月，正月十五雪打燈」的諺語，即是中秋下雨，元宵也會下雨。如果中秋天晴又如何呢？

　　恰好今年中秋，秋高氣爽，皓月千里，沒有烏雲遮月，預測明年元宵，恐是大好晴天，所謂「八月十五晴，正月十五看龍燈」（今年

中秋晴，明春元宵必定好天氣，可以去看花燈），「八月十五晴，來年春花收得成」（中秋天晴，明年春花必少受風雨摧殘，燦爛美麗，不論花果，俱皆豐收），由單一中秋的晴雨，不只可覘明年元宵的天氣，連一春的天氣都可得其輪廓。

於是，中秋天氣，實為明春晴雨的指針，而中秋前後天氣的變化也不大，十五晴，十六泰半晴；十五雨，十六亦泰半雨，所以說「八月十六雲遮月，來年須防大水沒（淹沒）」（八月十六如雲暗天低而下雨，明年恐有水災之虞），這已從中秋天氣看元宵，推至十六看明年全年晴雨的預測了。由此看來，中秋烏雲遮月的次年，勢必雨量豐沛，就如八十五年「雲遮中秋月」，八十六年不只「水打元宵夜」而已，幾番屋毀人亡的大水災，早已令人膽戰心驚；而今年中秋幸好並無烏雲遮月，那明年必無水災之虞，可鬆一口氣了，拭目以待。

民國八十八年雲遮中秋月，八十九年元宵果然大雨滂沱；八十九年亦雲遮中秋，九十年元宵夜也是下雨。

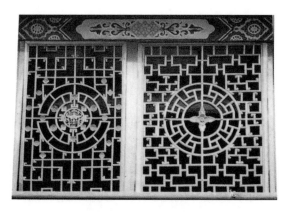

選自中國古建築大觀

天怕八月旱　人怕老裡窮

tien[1]	pa[3]	bad[4]	ngied[8]	hon[1]
ㄊㄧㄢ[1]	ㄆㄚ[3]	ㄅㄚㄉ[4]	ㄖㄧㄝㄉ[8]	ㄏㄛㄣ[1]
天	怕	八	月	旱

ngin[5]	pa[3]	lo[2]	li[5]	kiung[5]
ㄖㄧㄣ[5]	ㄆㄚ[3]	ㄌㄛ[2]	ㄌㄧ[5]	ㄎㄧㄨㄥ[5]
人	怕	老	裡	窮

　　天怕八月旱，人怕老裡窮。其意旨是：一年中的八月，如果旱魃降臨，最是令人害怕，所造成糧斷草絕，衣食堪憂的窘境，就像到了風燭殘年、傴僂衰邁的老人，仍然貧窮得捉襟見肘、無依無靠一樣，晚景淒涼。有勸大家要慎防八月之旱與衰老貧窮，及時努力的涵義在內。

　　只要是旱災，不論發生在那一月份，都是令人心悸的，為什麼偏說天怕八月旱呢？實因一年四季，「春」水滿四澤，「夏」雲多雷雨，「冬」日雨雪豐，雨量總是豐沛無比的，唯獨「秋」日熱如火，雨乏水絕，除了孟秋七月多颱風雨水外，最關鍵的便是八月了。八月一旱，直接間接影響下半年稻作的生長收成，日用飲水等俱皆匱乏。看那旱象之來，河水乾涸，稻田龜裂，水源缺乏，翰尺闌干，沙塵滾滾，稻枯秧死，偏又取水不易，要挑水以供灌溉或飲用，最是傷感，

到處都有「八月旱，擔竿（扁擔）斷」的痛苦，扁擔挑斷了，旱象依然未稍止息，還是缺水如故，真是「八月旱，農夫痛心肝」！生活如此之苦，能不害怕八月旱嗎？

　　八月雖旱，先民尚可深浚陂塘、開築河壩以蓄水源；開鑿渠道引水，植樹綠化防旱，今又興建水庫供水，總可圓滿解決，但是，人的一生，年輕時貧窮尚無所懼，如果血氣衰老時仍一貧如洗，孤苦伶仃，疾病纏身，生活取予都是仰人鼻息，偏又子孫不孝，棄如敝屣，朝受斥責，夕受冷眼，真如寒天飲冰水，點滴在心頭，想要咬緊牙根，捲土重來，但是前塵如夢，來日無多，自家已如日落西山，燈下白頭，雨中黃葉，那老裡的貧窮，心靈的空虛，只怕如淒淒夜雨，一任階前點滴到天明了！

　　因此，八月旱可怕，老裡窮更可怕，二者都是生民的不幸，為人子女者實宜孝養雙親之外，為政者亦宜未雨綢繆，高瞻遠矚，遠追古者「頒白者不負戴於道路」等「老者安之」的理想境界才是。

張秋台　臺灣耕耘系列專輯　作壟種菜

九月九日種韭菜　兩人交情久久長

giu²	ngied⁸	giu²	ngid⁴	zhung³/zung³	giu²	coi³
ㄍㄧㄨ²	ㄫㄧㄝㄉ⁸	ㄍㄧㄨ²	ㄫㄧㄉ⁴	ㄓㄨㄥ³/ㄗㄨㄥ³	ㄍㄧㄨ²	ㄘㄛㄧ³
九	月	九	日	種	韭	菜

liong²	ngin⁵	gau¹	cin⁵	giu²	giu²	chong⁵/cong⁵
ㄌㄧㄛㄥ²	ㄫㄧㄣ⁵	ㄍㄠ¹	ㄑㄧㄣ⁵	ㄍㄧㄨ²	ㄍㄧㄨ²	ㄔㄛㄥ⁵/ㄘㄛㄥ⁵
兩	人	交	情	久	久	長

　　九月九日種韭菜，兩人交情久久長。這是客家山歌，也是客家諺語。意思是在九九重陽佳日，夫妻或情人，共同去種韭（久）菜，盼望兩人交情白首偕老，長長久久，久久長長，延續著優美文化薰陶下的祥和社會。

　　九月九日，為什麼要種韭菜呢？實因韭菜，葉可食，根莖肥白而嫩，也都可食，全部可以做菜，而採割以後，很快復生，生生不息，愈生愈嫩，愈嫩愈香，種一次菜，可以採收無數次，最是一舉數得。難怪韭菜諧音「久」菜，音義都通，一語雙關，一見韭菜，自是久久難忘；又在九九重陽的老人節日，一則登高，一則長久，不只是登上高山，也是登上高壽；不只是種下韭菜，更象徵白首偕老，地久天長；重陽種韭，不正是重陽重九（久久），交情長久嗎？

　　重陽種韭，不能不想起客家美食，鵝腸（長）炒韭（久）菜，香

噴噴而令人醺醺然，色香味俱全，而意義深長。有鵝腸炒韭菜，更有豬腸（長）炒薑絲（思），這真是膾炙人口的名菜，不只菜的本身營養價值極高，內涵豐富，也象徵著長久相處，更要長久相思，如客家病子歌說：「男唱：正月裡來新年時。女唱：娘今病子（懷孕）無人知。男和：阿伯問娘食脈介（什麼）？女唱：愛吃豬腸（長）炒薑絲（思）。」那是多麼幸福而意義深長的畫面！

九月九日種韭菜，兩人交情久久長長，不是蹈空踏虛的理論，而是愛情與婚姻的實踐；是客家先民的執著，傳統文化的新義。重九登高與種韭，其盼白首偕老，鶼鰈情深，就象鵝腸（長）炒韭（久）菜、豬腸（長）炒薑絲（思）一樣，內涵豐富，天「長」地「久」、「長」「思」無盡！

　　病子，發子，即懷孕之意。

頭陽水　二陽風　三陽無水好收冬

teu⁵	riong⁵/iong⁵	shui²/sui²
ㄊㄝㄨ⁵	ㄖㄧㄛㄥ⁵/ㄧㄛㄥ⁵	ㄕㄨㄧ²/ㄙㄨㄧ²
頭	**陽**	**水**

ngi⁷	riong⁵/iong⁵	fung¹
ㄠㄧ⁷	ㄖㄛㄥ⁵/ㄧㄛㄥ⁵	ㄈㄨㄥ¹
二	**陽**	**風**

sam¹	riong⁵/iong⁵	mo⁵	shui²/sui²	ho²	shiu¹/su¹	dung¹
ㄙㄚㄇ¹	ㄖㄛㄥ⁵/ㄧㄛㄥ⁵	ㄇㄛ⁵	ㄕㄨㄧ²/ㄙㄨㄧ²	ㄏㄛ²	ㄕㄧㄨ¹/ㄙㄨ¹	ㄅㄨㄥ¹
三	**陽**	**無**	**水**	**好**	**收**	**冬**

　　頭陽　農曆九月九日。九為陽數，九日為第一個與九月相同的陽數，故曰頭陽。

　　二陽　指九月十九日。

　　三陽　指九月二十九日。

　　頭陽水，二陽風，三陽無水好收冬。這句客諺意指九月重陽如果下雨，九月十九日的二陽就會颱風，而九月二十九日的三陽大概會天晴，正好可以協助收割稻穀，不致雨淋而影響豐收，這真是好兆頭。看來，重陽下雨如珠粒，今年稻穀收成如珍珠。

　　九九重陽，不只是中國敬老的重要節日，也是氣象預報的觀測站，在此可略窺九月份的天氣。根據資料顯示，八十六年重陽，正好

下雨，十九日真的颱風，二十九日真的天晴，也有一些其他說法可資旁證，以為推論：如「重陽有雨收乾稻，重陽無雨收濕稻」（重陽節下雨，收割時大多天晴；重陽如果好天氣，收割可能會逢陰雨，使得穀子沾濕）。「重陽濕漉漉，糧草千錢束」（重陽若逢陰雨綿綿，所收米穀必如金錢成束）。頭陽水，不論是否真的二陽風，三陽無水好收冬，至少表示了重陽下雨是普受歡迎的。因此，大家都盼望重陽下雨，如「重陽無雨望十三，十三無雨一冬晴」、「重陽無雨盼十三，十三不下一冬乾」（重陽不下雨，就盼望著它下，到了十三日仍不下，那冬天大概會有旱災的憂慮了）。可見重陽下雨，真是皆大歡喜。當然，二陽颱風，三陽無雨，實乃象徵風調雨順之意，不必以辭害意。

重陽下雨，除了可覘九月天氣外，又可預測冬日天氣的晴雨溫度。如「重陽無雨一冬晴，重陽有雨一冬陰」、「九月九日晴，一冬冷；九月九日陰，一冬暖」，這些諺語的流傳，也不是孤立的，而是環環相扣的，而頭陽水，二陽風，三陽無水好收冬，正是象徵著今年將會豐收，與「重九雨，米成脯」（重陽下雨，收成的稻米易乾又易藏久，與肉乾一樣值錢）是遙相呼應的。

十月小陽春　無雨暖溫溫

shib^8/siib^8	ngied^8	siau^2/seu^2	riong^5/iong^5	chun^1/cun^1
ㄕㄧㄅ^8/ㄙㄨㄅ^8	ㄍㄧㄝㄉ^8	ㄒㄧㄠ^2/ㄙㄝㄨ^2	ㄖㄧㄛㄥ^5/ㄧㄛㄥ^5	ㄔㄨㄣ^1/ㄘㄨㄣ^1
十	月	小	陽	春

mo^5	ri^2/i^2	non^1	vun^1	vun^1
ㄇㄛ^5	ㄖㄧ^2/ㄧ^2	ㄋㄛㄣ^1	ㄅㄨㄣ^1	ㄅㄨㄣ^1
無	雨	暖	溫	溫

　　十月小陽春，無雨暖溫溫，這是讚美初冬十月溫暖天氣的客諺，意即十月之際，天高氣爽，陰霾盡去，萬里晴空，雨霽雲開，就如初春季節一樣，春日載陽，黃鶯鳴唱；魚鳥含情，花柳微笑，溫暖怡人，處此人間美景，莫不嘖嘖稱讚。

　　十月，是個美麗豐收的季節，大地經過了盛夏的炙熱與秋涼的洗禮之後，太陽卸下了炙熱的威嚴，狂風大雨也突然渺無蹤跡；天氣不冷不熱，不膩不黏，不乾不溼。放眼四望，盡是青山綠水，綠野平疇。高潔的菊花，紅黃相間；成串的九重葛，嫣紅妊紫；跳躍著青春的活力。滿園的柑橘正如楊家有女初長成，散發著甜美芬芳的氣息。而柿子楊桃等水果，也含情脈脈，在輕輕的呼喚。看那春日照高林，秋山多秀色，冬日小陽春，情意最溫存，豐腴美滿，甜蜜溫馨。

　　還有那更令我們禮讚的是金黃色的稻穗，已在微風搖盪的千頃稻

浪中，楚楚動人。收割的歡笑，早已掩蓋了辛勞的汗水；稻穗的飄香，也蕩滌了許多塵慮與俗情。十月，美麗而豐富、溫暖而舒適，果然是「十月小陽春，無雨暖溫溫。」

　　十月小陽春，無雨暖溫溫；象徵中年的富翁，取之不盡，用之不竭；也是成熟的少婦，婀娜風韻，情意深純。是美的化身，詩的再現；天倫的聚合，豐收的季節。看那喜慶的糕餅，農忙的點心，所謂「十月朝，糍粑（糯米精製的食品）隻隻燒」（十月的時候，家家戶戶喜慶宴會上，都準備了熱騰騰的糍粑）看在眼裡，吃在口裡，甜在心裡，實在是「十月小陽春，無雨暖溫溫」。

張秋台　臺灣耕耘系列專輯　抱穗展顏

冬至晴 元旦雨 冬至雨 元旦晴

dung¹	zhi³/zii³	ciang⁵	ngien⁵	dan³	ri²/i²
ㄉㄨㄥ¹	ㄓㄧ³/ㄗ³	ㄑㄧㄤ⁵	ㄍㄧㄢ⁵	ㄉㄢ³	ㄖㄧ²/ㄧ²
冬	至	晴	元	旦	雨

dung¹	zhi³/zii³	ri²/i²	ngien⁵	dan³	ciang⁵
ㄉㄨㄥ¹	ㄓㄧ³/ㄗ³	ㄖㄧ²/ㄧ²	ㄍㄧㄝㄣ⁵	ㄉㄢ³	ㄑㄧㄤ⁵
冬	至	雨	元	旦	晴

　　冬至晴，元旦雨；冬至雨，元旦晴。這是利用冬至來觀測氣象的客諺。意即冬至如果天晴，農曆元旦就會下雨；冬至如果下雨，農曆元旦就會天晴。冬至，成了農曆新年晴雨的指標。

　　冬至晴，元旦果然會下雨；冬至雨，元旦真的會晴天嗎？說來真的令人驚訝不已：八十四年的冬至是晴天，八十五年的農曆新年果然下雨；八十五年的冬至，也是豔陽高照，八十六年的春節前後，竟都陰雨綿綿，又冷又濕，出入不便，風景名勝冷清，街頭巷尾寂寞，這個年過得可真沒意思，於是，又有「晴冬至，邋遢年；邋遢冬至晴過年」、「晴冬至邋遢年」、「晴乾冬至濕潦年，熱鬧冬至冷淡年」的諺語，意思都是指冬至如果晴天，過年必是霪雨霏霏，濕濕黏黏的。看來，「冬至晴，元旦雨」，似乎成了鐵律。

　　元旦下雨雖然影響了過年的熱鬧氣氛，但春雨提早降臨，雨水充

足，萬物將會長得欣欣向榮，因此，又說「冬至天氣晴，來年果木成；冬至天氣爽，來年果木廣」（冬至天高氣爽，第二年水果都會大豐收），而中國北方諺語也說「冬至天氣晴，來年果木成；冬至遇大雪，半年果不結」，而這兩年來的各種水果，俱皆豐收，貨物堆積，質精味美又便宜，可說是冬至晴，元旦雨的貢獻，難怪有人說「冬至晴無日色，定主農夫好歲來。」

冬至的晴雨，不只影響元旦的晴雨而已，元旦前後也都受影響，如「晴到冬至落到年」、「晴過冬至落過年」（過著晴天的冬至，就會過下雨的新年），可見冬至晴，連十二月底下雨的機率都非常大。就好比八十五年冬至晴，不只過年下雨而已，在農曆年前十天也都下雨，甚至雷聲隆隆，於是，整個新年就沈浸在冷颼颼的綿綿陰雨中。

冬至在月頭　掌牛阿哥毋知愁　冬至月中央

霜雪兩頭光　冬至在月尾　掌牛阿哥毋知歸

dung[1]	zhi[3]/zii[3]	cai[7]	ngied[8]	teu[5]		
ㄅㄨㄥ[1]	ㄓㄧ[3]/ㄗ[3]	ㄘㄞ[7]	ㄇㄧㆤㄅ[8]	ㄊㆤㄨ[5]		
冬	至	在	月	頭		

zhong[2]/zong[2]	ngiu[5]	a[1]	go[1]	m[5]	di[1]	seu[5]
ㄓㆧㄥ[2]/ㄗㆧㄥ[2]	ㄇㄧㄨ[5]	ㄚ[1]	ㄍㆦ[1]	ㄇ[5]	ㄅㄧ[1]	ㄙㆤㄨ[5]
掌	牛	阿	哥	毋	知	愁

dung[1]	zhi[3]/zii[3]	ngied[8]	dung[1]	ong[1]		
ㄅㄨㄥ[1]	ㄓㄧ[3]/ㄗ[3]	ㄇㄧㆤㄅ[8]	ㄅㄨㄥ[1]	ㆦㄥ[1]		
冬	至	月	中	央		

song[1]	sied[4]	liong[2]	teu[5]	gong[1]		
ㄙㆦㄥ[1]	ㄒㄧㆤㄅ[4]	ㄌㄧㆦㄥ[2]	ㄊㆤㄨ[5]	ㄍㆦㄥ[1]		
霜	雪	兩	頭	光		

dung[1]	zhi[3]/zii[3]	cai[3]	ngied[8]	mui[1]/mi[1]		
ㄅㄨㄥ[1]	ㄓㄧ[3]/ㄗ[3]	ㄘㄞ[3]	ㄇㄧㆤㄅ[8]	ㄇㄨㄧ[1]/ㄇㄧ[1]		
冬	至	在	月	尾		

zhong[2]/zong[2]	ngiu[5]	a[1]	go[1]	m[5]	di[1]	gui[1]
ㄓㆧㄥ[2]/ㄗㆧㄥ[2]	ㄇㄧㄨ[5]	ㄚ[1]	ㄍㆦ[1]	ㄇ[5]	ㄅㄧ[1]	ㄍㄨㄧ[1]
掌	牛	阿	哥	毋	知	歸

冬至在月頭，掌牛阿哥毋知愁；冬至月中央，霜雪兩頭光；冬至在月尾，掌牛阿哥毋知歸。充分道盡客家先民樂天知命，天性豁達的一面。看那掌牛阿哥，平日放牧牛羊，徜徉青山綠水間，雖是冬至到了，仍是渾然無覺的自得其樂，更別管冬至是在月頭還是在月尾，都無愁無慮的不知歸了。

冬至，又稱冬節，是一年將盡，家家都要團圓的日子。品嚐那熱騰騰的紅豆粄（湯）圓，香噴噴的佳肴美味。早期人們，冬節是一個重要節日，雖無殺豬宰羊，至少也割一料豬肉，殺一隻土雞，以祭祀神明，祈求闔府平安，人丁興旺，因此，工作在外的異鄉遊子，都要紛紛趕回。只是，那些掌牛阿哥，卻是不知冬至到來，更不知冬至是在月頭，還是在月尾。

冬至在月頭，無憂無慮的在工作，冬至在月中，在清晨霜雪、晚上月光兩頭「光」的情況下，努力工作；冬至在月尾，也仍然逍遙快樂的不知歸家，認真打拼，樂在其中，令人興起敬佩之意。

也有人說，冬至在月頭，無被毋使愁，冬天溫暖，掌牛阿哥，非常愉快，無憂無愁；冬至在月中，無雨又無風，逢此月圓花好之夜，難得有此閒情逸致，在霜雪彌天蓋地之上，在月色如金的流布之下，早早起床，晚晚歸家，有時，擎起布滿微霜的木板，裝滿全身的月色，真是披「霜」戴月，兩頭都光；冬至在月尾，雖然寒冷得可能需要賣牛來買被，但掌牛哥兒，為人看牛，或許因他的老實敦厚，穩重篤實，獲得大家的賞識，或許因他的勤奮節儉，可以獨立自主，擁有一片天空；又或許他已有意中人，可以作為終身伴侶，共創未來，雖然天氣嚴寒，內心卻是溫暖，掌牛阿哥就像情哥一樣，真是「蝴蝶思花不思草，兄思情妹不思家」了！

想起來臺祖十餘歲從粵東隻身來臺，為人看牛，篳路藍縷，披荊斬棘，辛勤工作，擁有土地十餘甲，豈只冬至不知歸，就是過年，也

要苦中作樂，引領西望而無法歸去呢！

　　冬至不論在月頭或月尾，不論是冬暖或是冬寒，愁也徒然，苦也無益，何如快樂不知愁，工作不知歸，固是樂天知命的一面，又何嘗不是早期客家先民快然自足的辛酸？

冬至月中央　霜雪兩頭光

dung¹	zhi³/zii³	ngied⁸	dung¹	ong¹
ㄉㄨㄥ¹	ㄓㄧ³/ㄗ³	ㄫㄧㄝㄉ⁸	ㄉㄨㄥ¹	ㆦㄥㄧ
冬	至	月	中	央

song¹	sied⁴	liong²	teu⁵	gong¹
ㄙㆦㄥ¹	ㄒㄧㄝㄉ⁴	ㄌㄧㆦㄥ²	ㄊㄝㄨ⁵	ㄍㆦㄥ¹
霜	雪	兩	頭	光

冬至月中央，霜雪兩頭光。意指冬至之日，如果是在農曆當月的月半（十五），天氣就會極為寒冷，不是雪花紛飛，就是霜華凝重，雲暗天低，氣溫遽降，早晚都籠罩在一片冰霜白雪之中，真是十五冬至，遍地皆寒。

冬至，如果是在農曆十五，月圓之日，真的會霜雪滿地，天氣嚴寒嗎？以八十八年而言，冬至，剛好在農曆十一月十五日，結果在十五日前幾天，就已深感寒流壓境，冷氣襲人。接著，全省各地，不論山地或平地，都出現了歷年來少見的低溫，大屯山和陽明山鞍部，分別降至零下三點三度和零下一點四度的冰點，阿里山更降至零下三點五度，成了大冰箱，玉山遽降至零下十點四度，有雪又有霜，創下了十三年來歷史的低溫紀錄；中部雲嘉一帶，有數百萬尾石斑魚及虱目魚凍死，更有獨居老人不堪寒冷而心臟衰竭去世，郵差腦溢血死亡；

合歡山、太平山紛紛降雪之後，陽明山也在冬至當日，開始大雪紛飛，從清晨八時開始，飄至十一時許才停，是六年來首見的雪景，復興三民村見到了五十年來首次大雪，潭仁村也飄下了二十年來僅見的雪花，真是冬至月中央，霜雪兩頭光。

冬至大於年　雞子大於天

dung¹	zhi³/zii³	tai⁷	ri⁵/i⁵	ngien⁵
ㄅㄨㄥ¹	ㄓ ㅣ³/ㄗ³	ㄊㄞ⁷	ㄖ ㅣ⁵/ ㅣ⁵	ㄇㅣㄢ⁵
冬	至	大	於	年

gai¹/gie¹	zii²	tai⁷	ri⁵/i⁵	tien¹
ㄍㄞ¹/ㄍㅣㄝ¹	ㄗ²	ㄊㄞ⁷	ㄖ ㅣ⁵/ ㅣ⁵	ㄊㅣㄢ¹
雞	子	大	於	天

　　冬至大於年，雞子（小雞）大於天。這句客諺意思是指一年將盡
的冬至，是真正一年的開始，人們雖尚未正式過年，其重要性不下於
過年；而在母雞翼護之下的小雞，雖弱不禁風，尚未成熟肥美，但生
命價值比天還大，未來潛力無窮，千萬不可輕易忽視，甚至殘害拋
棄，這是一種為大於微，慎始慎終；尊重生命，愛護自然的表現。

　　至者，盡也。冬至，是冬天（一年）將盡的意思。一年到了冬
至，陰寒之氣到達頂峰，從此寒陰凜烈之氣日漸減弱，陽氣開始形成
壯大，萬物在這陰陽之氣遞變之下，融合醞釀，蓄勢待發，為新的一
年躍躍欲動。然而此時，並未過年，但實際卻是一年萌芽之始。君不
見冬至時分，各種草木，吐露嫩芽紅蕊，猶如襁褓嬰兒，嬌嫩可愛若
不勝體力。可別小看這些細蕊嫩芽，如此微不足道，些許時日之後，
必將壯碩無比，或為參天大樹，或為人間棟樑，好比那慈祥母雞卵翼

之下的小雞，其大不滿一握，氣未至而先傾，風未至而先倒。可是，等待來年春夏，或為雄赳赳的公雞，或為鮮美可口的閹雞，或為百子千孫的母雞，展現著難以計數的潛力，其價值、意義、希望之大，真正大於遼夐罔極的昊天。

合二者而言之，則不難了悟：冬至固為一年之將盡，豈不是又為一年之始；半夜固為一天之將盡，亦為另一天之始；小雞固為雞之最小者，實際上是生命的開端，我們固要慎之於終，也要慎之於始；所謂「九層之臺，起於累土；千里之行，始於足下」，大器之成，必從細起，自然要為大於微，慎始敬終，只有慎之於始，才是成功的第一步；也只有愛之於始，才是仁者的襟懷。於是，喻之於人類胎兒受孕之始，即已具生命能力，如果輕易墮之，事後將造成永難挽回的憾恨，無可彌補的心傷，痛苦陰霾，恐怕一生難以拂去，而恍若有無。因此，菩薩天心，惠及雞子，更須護佑弱小的生命，才是偉大的天德。

冬至果然大於年，而不是年；小雞果然大於天，而不是天。之所以此稱，實在是重本探源，追源溯流；惠愛蒼生，大小如一；仁民愛物，尊重生命的仁愛思想。因冬至而觀年，因小雞而知天，如能以仁者之念，智者之行，慎終還須慎始，關愛惠及至微，善體斯旨，則民德歸厚矣。

吳餘鎬攝

雷打冬　十個牛欄九個空

lui⁵　　da²　　dung¹

ㄌㄨㄧ⁵　　ㄅㄚ²　　ㄅㄨㄥ¹

雷　　打　　冬

shib⁸/siib⁸　gai³/ge³　ngiu⁵　lan⁵　giu²　gai³/ge³　kung¹

ㄕㄧㄅ⁸/ㄙㄨㄅ⁸　ㄍㄞ³/ㄍㄝ³　ㄬㄧㄨ⁵　ㄌㄢ⁵　ㄍㄧㄨ²　ㄍㄞ³/ㄍㄝ³　ㄎㄨㄥ¹

十　　個　　牛　　欄　　九　　個　　空

近來，意外災害事件頻傳，令人驚心動魄的搶劫殺人事件不斷；即將過年，昨天（民國八十五年，農曆十二月二十四日）又傳出多人傷亡的火災，真是不幸。今晚（二十五日）下雨又打雷，不由想起「雷打冬，十個牛欄九個空」這句客諺。

意即：冬天打雷，意味明年（指農曆）雨量豐沛充足，所有牛隻都須離開牛欄，下田耕作，不得安閒，人也一樣，所以說「十個牛欄九個空」。在此暗示人們要勤奮上進，努力工作，以補不足，有居安思危，高瞻遠矚的見微知著，履霜堅冰至，頗值參考。以近日的車禍、火災事故而言，又豈可掉以輕心？又如氣象報告已言：春節下雨機率甚大，其實，「冬至晴，元旦（農曆）雨；冬至雨，元旦晴」早已告訴我們春節會下雨，祖先智慧的結晶，何不賦予時代意義而加以重視？雷打冬，雖是警訊，亦未嘗不是喜訊，因為，「先雷後雨不久

長，先雨後雷下不停」，昨天下了一天雨，才響起了雷聲，看來，明年豈不雨水充足，不論灌溉飲用，俱不虞匱乏，再輔以「雲遮中秋月，水打元宵節（夜）」（今年中秋節烏雲遮月，明年元宵節可能會下雨）這諺語，可見甘霖早在預料之中。

冬裡雷　屍成堆

dung¹	li¹	lui⁵	shi¹/sii¹	shin⁵/siin⁵	doi¹
ㄉㄨㄥ¹	ㄌㄧ¹	ㄉㄨㄧ⁵	ㄕㄧ¹/ㄙㄧ¹	ㄕㄧㄣ⁵/ㄙㄧㄣ⁵	ㄉㄛㄧ¹
冬	裡	雷	屍	成	堆

　　冬裡雷，屍成堆。意謂著冬天裡所打的雷，是不吉利的。如果冬天打雷，第二年將會有許多不幸的事情發生：例如治安的敗壞，綁票的橫行；水災的驚變，颱風的夢魘；瘟疫的蔓延，事故的頻傳，結果造成同胞骨肉的分離，無辜生命的傷亡，大量豬隻的撲殺，牛隻野狗的棄置，運送車輛絡繹於途，屍體堆積如山，真是慘不忍睹。

　　冬天裡打雷，為什麼會造成屍體成堆的慘況呢？這真是不可思議的事。遠者已矣？證諸近兩年來的冬天，冬雷盈耳，結果都發生了許多震撼人心的重大不幸事件，而以八十六年最為嚴重。記得八十五年冬天，雷聲頻頻，尤以農曆十二月二十五日晚上八時左右，雷聲大作，崩天裂地，雨勢滂沱，真如地動山搖，轉瞬之間，大地恍如沈浸在汪洋大海中，年長者不斷歎道：哎！「冬裡雷，屍成堆」，「雷打冬，十個牛（豬）欄九個空。」（冬天打雷，將會有不幸事故發生，造成許多牛欄豬欄空蕩蕩的）。

　　為什麼會屍成堆和空蕩蕩呢？真是沒有料到，去年（八十六年）竟然發生了前所未有的口蹄疫疾，即所謂的豬瘟，從東到西，從南到

北，瘟神降臨，數百萬頭豬隻在劫難逃，撲殺者有之，焚燬者有之，活埋者有之，頓時一片慘叫哀嚎，猶如人間煉獄，所有豬戶的豬欄，「豬」去「欄」空，十欄九虛，淒涼無比。數以百萬的豬隻，輕易的付諸流水，就如星火燎原之勢，席捲全臺，豬隻浩劫，飼主無奈，人心不安，所以又說：「十二月打雷，豬子毋使（不用）捶。」（如果農曆十二月打雷，第二年的豬隻就很難飼養，根本不必用木槌，只須輕輕一碰，豬隻就活不了）。為什麼十二月打雷，豬兒就如此不堪一擊呢？也許是去年前年，冬至在月頭所造成的暖冬；細菌容易繁殖，以致染上各地來的病源，因此，前年冬天打雷，去年幾百萬頭豬隻決定集體撲殺，就應了「冬裡雷，屍成堆」這不幸的讖語。

　　冬天雷聲，真是不幸的預兆。除了瘟疫蔓延外，還有重大刑案的接連發生，賀伯等多次颱風、水災、祝融、車禍的嚴重傷亡，人畜合併計算，已是屍體如山積，一顧一愴然！想起「雷打冬」等種種警訊，如果我們能多重視傳統的文化，經驗的啟發；祖先心血的結晶，智慧的諺語，聽其言而審時度勢，多方未雨綢繆，以作為防止疫疾的參考，雖有「冬裡雷」，不是也可以避免「屍成堆」嗎？

十二月打雷　豬子母使槌

shib⁸/siib⁸	ngi⁷	ngied⁸	da²	lui⁵
ㄕㄧㄅ⁸/ㄙㄅ⁸	ㄇㄧ⁷	ㄇㄧㄝㄅ⁸	ㄅㄚ²	ㄌㄨㄟ⁵
十	二	月	打	雷

zhu¹/zu¹	er⁵/e²	m⁵	sii²	chui⁵/cui⁵
ㄓㄨ¹/ㄗㄨ¹	ㄜ⁵/ㄝ²	ㄇ⁵	ㄙ²	ㄔㄨㄟ⁵/ㄘㄨㄟ⁵
豬	子	母	使	槌

　　目前，豬隻口蹄疫疾，如星火燎原之勢席捲臺灣，千萬頭豬隻也面臨了近乎全面撲殺的命運。眼看數十年來，胼手胝足犧牲環保建立起來的豬隻農業，即將土崩瓦解，毀於一旦。些許時日後，豬舍將是一片荒涼與空寂。其實，事前也並非毫無徵兆可言，令人想起十二月的雷聲，如客諺所言：「十二月打雷，豬子母使（不用槌）。」的警訊。

　　意即：在農曆十二月打雷，第二年的豬隻，將會不堪一擊，根本不必用什麼木槌來敲打豬身，豬兒恐怕也難保命，如果不是什麼水旱之災將牠們沖走或餓死，就是豬瘟等傳染病將會蔓延，必須加倍細心防範，注意衛生，以減至最低的損失。大家如不健忘，該年農曆年前幾天（二十四日晚八時），臺灣上空雷聲大作，而今竟然不幸而言中，這和「雷打冬，十個牛（豬）欄九個空」的道理是一樣的。可

惜，長期以來，國人習於重洋輕土，鄙棄許多先民的智慧和經驗，以致錯失了預防豬瘟的廣大空間，殊為可惜。

　　其實，豬隻容易飼養，要勤洗勤餵、熱食暖圈、乾淨多草，「豬牛無涼症，病來冷水淋」，這些經驗都是點點累積而成的。另如「雷打正月節，二月雨不歇；三月桃花水，四月田開裂」，可見二月一直持續下雨是有原因的；但幾天後的白天，花蓮地區又發生地震，配合「日震晴、夜震雨」的客諺，天氣多將陰晴不定。因此，多關懷自然，愛護鄉土，文化扎根，才能源遠流長。

　　如何聽雷而見微知著，觀象而遠見於未萌，及早未雨綢繆，避免疾疫蔓延外，也應具仁心仁術不傷及無辜牲畜，實值深思。

十二月介南風——透雪

shib⁸/siib⁸　ngi⁷　ngied⁸　gai³/ge³　nam⁵　fung¹　——　teu³　sied⁴

ㄕㄅ⁸/ㄙㄅ⁸　ㄐㄧ⁷　ㄐㄧㄝㄅ⁸　ㄍㄞ³/ㄍㄝ³　ㄋㄚㄇ⁵　ㄈㄨㄥ¹　——　ㄊㄝㄨ³　ㄒㄧㄝㄅ⁴

十　二　月　介　南　風　——　透　雪

　　十二月介（的）南風——透（媒介，引導之意）雪。意指十二月的南風，來得正是時候，是下雪的徵兆，吉利的象徵；是瑞雪兆豐年的美麗憧憬，是喜鵲報喜的吉祥前導，是殷勤的青鳥使者，捎來了春日的信息，令人雀躍。

　　十二月本是冬天，卻突然吹起了南風（農曆十二月十三日上午十一時），兼且萬里晴空，陽光普照，頓時感到希望無窮，好比慈母之於赤子，慈藹溫馨；初戀之於情人，情思繾綣，是未來美好的開端。然而，這溫暖如春的日子，恐怕只是春天的序曲而已，馬上又會回到冬日的嚴寒。因此，十二月的南風，好比是殷勤的使者，熱心的紅娘，款款深情，帶來皚皚白雪，粉妝玉琢的美麗境界。於是，十二月南風，就如暗夜的燈塔，指點迷津的導師，是希望的指針，是吉利的祥瑞；又如雲從龍，風從虎；月暈而風，礎潤而雨；綠葉之於牡丹，雲霧之於高山一樣，豈可不珍惜呢？

　　十二月南風，真的會引來了瑞雪嗎？根據大陸北方的說法，有所謂「冬天南風兩三日，後天必有雪」「冬天南風三日雪」，又說「冬

無雪，麥不結」「冬雪是被，春雪是鬼」「冬雪年豐，春雪無用」等說法。但在臺灣，冬日（十二月）的南風，固然會引來了瑞雪，恐不是立即的，需要等春日之後，而有時冬日並未必下雪，春雪才是真的有益農作，所以客諺又說：「冬寒，絕流；春寒，雨水」（冬天嚴寒，第二年恐會溪乾水涸，有旱災之虞；而春天寒冷，將會帶來豐沛的雨水）因此，十二月的南風帶來了溫暖，也預告了明年將會春寒。

冬日的十二月，突然吹起了南風，是瑞雪的徵兆，予人溫暖、驚喜、愉悅。所以又有「十二月的南風——現報（現世報應、喜鵲報喜）」的說法，應之於人，則時衰運蹇，落魄沮喪；困頓挫折。鬱鬱寡歡之士，恐亦極為盼望十二月南風的降臨，為之帶來春日希望的信息，奮鬥的意志，燃起光明的火炬，其造福社會，將不只是十二月南風而已。

大寒不寒　人馬不安

tai⁷　　hon⁵　　bud⁴　　hon⁵
ㄊㄞ⁷　　ㄏㄛㄣ⁵　　ㄅㄨㄉ⁴　　ㄏㄛㄣ⁵
大　　寒　　不　　寒

ngin⁵　　ma¹　　bud⁴　　on¹
ㄗㄧㄣ⁵　　ㄇㄚ¹　　ㄅㄨㄉ⁴　　ㄛㄣ¹
人　　馬　　不　　安

　　大寒不寒，人馬不安。意指時序到了大寒，而天氣仍然溫暖如春，沒有任何寒意，固是怕冷人士的一大福音，但就整體而言，這種反常的天氣，將會造成生活的失常，人馬的不安。好比晝夜顛倒，陰陽錯位；日月失序，流水逆行一樣，甚者疫疾蔓延，如何能安心生活？實有須正確把握時機，勿使失時；警惕戒慎，防患未然的涵義在內。

　　大寒，是一年二十四節氣中的最後一個節氣，是時朔風呼嘯，栗烈已極；天寒地凍，皸手裂腳，故云大寒。大寒而寒，本是極為正常之事，就如日往月來，春秋代序；該熱而熱，該冷而冷；天行有常，井然不紊。於是，不論春蒐夏苗，秋獮冬狩；或是春耕夏耘，秋收冬藏，都象徵著師法自然，運用自然的精神，期盼風調雨順，國泰民安；五穀豐登，六畜興旺的太平盛世生活。因此，寒冷的冬日，是正

常而有益的，所謂「寒冬飄瑞雪，瑞雪兆豐年」；「冬有三尺雪，人道十年豐」；「冬有大雪是祥瑞，大寒三白定豐年」（即謂：冬日下雪是吉兆，而大寒之日如果霧氣「白」，清晨降霜「白」，日夜下雪「白」，明年一定是豐年），都是指冬天下雪結霜，大寒霜雪潔白亮麗，來年必將是平安幸福，人和年豐的年歲。看那霜雪撲地，寒氣逼人；風掣毛髮，墮指裂膚，猶如天然冷凍庫房，低溫殺菌；獸鋌亡群，禽鳥蹤絕，大地進入禪修入定狀態，默默接受革命洗禮，鍛鍊考驗，因而更為韌性強毅，各種動植物將蘊蓄沉潛，休養生息，必可待時而動；而果物亦必香甜，質精味美，且來年蚊蠅孳生必然不易，春耕雨水必然豐沛，大寒而寒，不是萬世爭榮，人馬平安嗎？

如若大寒不寒，溫暖如春，霜雪不降，朔風不起；天乾物燥，溪乾水絕；陰陽易位，寒暑失時；萬物未經蟄伏蓄養，猶如人類薄暮而不沐浴，入夜而不休息，必將污垢滿身，體力透支，而且冬日高溫，「冬」蚊成雷，許多細菌容易繁殖蔓延，疾病易滋，此所以口蹄疫疾，雞瘟氾濫之故，生活必然大受影響。而人類相處，亦乏耐性容忍，脾氣暴躁，衝突日增，青壯少年，好勇鬥狠，意外連連，所以說：「大寒像春天，家家哭少年」（大寒如果像春日般溫暖，許多家庭都為少年問題痛哭失聲），眼看臺灣生活失序，天氣失常，未嘗非大寒不寒，人馬不安的寫照。

大寒不寒，人馬不安，猶如當熱不熱，五穀不結；六月飛霜，陰氣凝閉；白日隱匿，山河失色；洪水氾濫，道路成渠；地裂山崩，橋毀屋塌一樣，都是自然失序，運作失常，豈只是人馬不安而已！所以古人說：「時之為義大矣哉！」謹記「時，然後言，人不厭其言；樂，然後笑，人不厭其笑」，「時過然後學，則勤苦而難成」；「過時而不採，將隨秋草萎」的真義。在寒不寒，真如該學不學，該做不做，蹉跎歲月，虛擲一生，如何掌握春秋時義，豈能不戒慎也哉！

三十暗晡介飯甑——無閒

sam¹	shib⁸/siib⁸	am³	bu¹	gai³/ge³
ㄙㄚㄇ¹	ㄕㄧㄅ⁸/ㄙㄧㄅ⁸	ㄚㄇ³	ㄅㄨ¹	ㄍㄞ³/ㄍㄝ³
三	十	暗	晡	介

pon⁷/fan⁷	zen³——	mo⁵	han⁵
ㄅㄛㄣ⁷/ㄈㄢ⁷	ㄗㄝㄣ³——	ㄇㄛ⁵	ㄏㄢ⁵
飯	甑——	無	閒

　　三十暗晡介（的）飯甑（舊時裝飯的器具）——無閒。意指年三十晚上的飯鍋，菜鍋，缽碗等，都是盛裝飽滿，大鍋滿，小鍋飽，年夜飯盡其所有，無一空閒。以形容人們事業發達，人氣旺盛，工作忙碌，完全沒有空閒。

　　年三十晚的飯甑，為什麼總是無閒呢？原來，年三十，已是除夕團圓之夜，過年的氣氛，在大掃除、大採購、蒸糕粄、貼春聯、祭祖先、拜神明、放鞭炮、買新衣、買新鞋、除舊布新等的烘托之下，早已喜氣盈庭，春滿乾坤，家中所有的飯甑（飯鍋）、大鑊小鍋、大碗小盤、大缽小盂、大爐小灶，無不盛滿雞鴨魚肉，甜粄發粄，油角菜包、長年芥菜、火鍋拼盤、麻油雞酒、清蒸白斬、「福」菜菜頭（好彩頭）、豬腸韭菜（長長久久）、「柑」、「橘」、「栗」子（吉利甜蜜）、芹菜豆（勤勞致富）等，無一閒著，隨便取用，都應有盡

有，包君滿意，怎樣享用也吃不完，真是年年有餘，年年有春。年三十的飯甑，真是充滿歡愉氣氛，怎麼可能有閒呢？

三十晚上的飯甑，既是無閒，正為自己努力打拚，只怕不夠用，而沒有多餘的，因此，除夕夜的飯甑，自是借不得的，無法外借，用得愈多愈好。因為明天初一，按照習俗，大家都不煮飯的，所以，三十晚上，要準備「砛年飯」，除了家人享用外，更要感謝天地神明，要在灶君爺前奉上一「杯」飯，神明供桌上要奉上兩「杯」飯，在飯的中心，插上桃花一枝，代表一枝獨秀，桃花迎春。另外，也準備長年菜、鳳梨、各式吉利水果等。三十暗晡，不只飯甑無閒，連杯子也無閒，真是熱鬧無比。

三十暗晡介（的）飯甑──無閒，象徵著全家和樂，同心協力，人盡其才、物盡其用，人生圓滿，家庭團圓。

一日打赤膊　三日园間角

rid⁴/it⁴	ngid⁴	da²	chag⁴/cag⁴	bog⁴
ㄖㄧㄉ⁴/ㄧㄉ⁴	ㄗㄧㄉ⁴	ㄉㄚ²	ㄔㄚㄍ⁴/ㄘㄚㄍ⁴	ㄅㄛㄍ⁴
一	日	打	赤	膊

sam¹	ngid⁴	kong³	gien¹	gog⁴
ㄙㄚㄇ¹	ㄗㄧㄉ⁴	ㄎㄛㄥ³	ㄍㄧㄢ¹	ㄍㄛㄍ⁴
三	日	园	間	角

　　一日打赤膊，三日园（藏）間角。意指春天天氣，變化多端，一日晴，一日雨；時而冷，時而熱；忽而春風十里，春日遲遲；忽而春雨綿綿，冷風刺骨；今日揮汗如雨可打赤膊，旋即冷得要穿厚衣大襖，還須蜷縮屋角。這種天氣，真是令人捉摸不定，莫名所以，不禁歎自然的奧妙，宇宙的無窮，人生的多采。無怪怨之心，而有詠歎之意。

　　臺灣春天，氣溫變化幅度極大，常是令人無所適從。眼看晴空萬里，天氣燠熱難當，脫了夾克換單衣，甚至脫了單衣打赤膊，以為夏天就要到來，急忙收起冬衣棉被，欲束之高閣，孰知一夜北風起，春雨細如絲，又是春寒料峭，冷風颼颼，冷氣襲人，又陰又雨，又濕又黏，蜷縮屋角，不敢出門。既出門又擔心朝雨暮風，朝晴暮雨，氣溫變化難測，心情亦隨之起伏不定。難怪有人說：「春天後哀（母）

面，講變隨時（立刻）就變。」又說：「春天童子面，晴雨日幾變」「春天面，時時變」「春天不問路，二八亂著（穿）衫」（春天有時綿綿細雨，有時麗日晴空；有時北風，有時南風，真不知要穿什麼衣服才好。）

又所謂「春天不問路，問了路，就要住」（春天氣候變化異常，問了路，知明日春風多厲，春雨擾人，不住，行嗎？）看來，春天真不適合出門，於是又說：「春天人客真難做，單衫夾被兼皮貨」（春天出門做客最累了，要準備單衣，要準備厚襖，皮衣等禦寒衣物），春天，真如頑童遊戲人間，是冬夏的綜合，寒暑的交會，「一日打赤膊，三日园間角」，春神做東發請貼，大家一起迷藏捉。

一日打赤膊，三日园間角，固是自然界的變化多端，人類難以招架，何嘗不是自然的縮影，人生的寫照？且看那綿綿春雨中，料峭寒風裡；風光明媚日，氣清景明時，多少新芽嫩筍，蓓蕾春花，正欣欣向榮，且爭妍鬥豔，怒放穎脫，絲毫無畏風雨嚴寒而生氣盎然！

有如此急遽變化的試煉，方有自然界神奇的多姿多彩；有赤膊厚襖的體悟，方有多元充實的人生，雖然春天多變，卻詠讚最多，則寒暖何有哉？

水打五更頭　行人毋使愁

shui²/sui²	da²	ng²	gang¹	teu⁵
ㄕㄨㄧ²/ㄙㄨㄧ²	ㄉㄚ²	ㄫ²	ㄍㄤ¹	ㄊㄜㄨ⁵
水	打	五	更	頭

hang⁵	ngin⁵	m⁵	sii²	seu⁵
ㄏㄤ⁵	ㄫㄧㄣ⁵	ㄇ⁵	ㄙ²	ㄙㄜㄨ⁵
行	人	毋	使	愁

　　水打五更頭，行人毋使（不必）愁。是一句氣象預測的諺語。意指如果在清晨五更時下雨，那麼，天亮之前，天氣將逐漸轉好，上班出門的行人，就不必耽憂下雨而準備雨具。這五更頭的雨水，也可說是一個好兆頭。

　　一夜分為五更，每兩小時為一更，而清晨三時到五時之間，就是五更。水打五更頭，真的會使行人必愁嗎？根據長期以來的觀察，凡是五更時分所下的雨，大半下不久，到天亮以後，多是雨霽雲開，天朗氣清，即使未必天晴，雨勢也將漸漸歇止而雲霧盡散，使早晨上班的行人，不必攜帶雨具而行走自如，真是水打五更頭，行人毋使愁。而且清晨新雨後，空氣「早」來「新」，令人舒暢無比。

　　因此，又說「朝雨晝晴」（早晨下雨，白日天晴）、「早雨不過卯」（清晨之雨，不會超過七點）、「早雨一天晴」等，可資佐證。

五更頭的雨水，可以預測天晴；而三更半夜之雨，卻主雨勢滂沱；不易停止，所謂「黃昏上雲半夜雨，半夜上雲水就來」，意即黃昏時分，烏雲密布，半夜之際，就會下雨；半夜起雲，雨水就落。

　　所以又說「晚雨下到明」（傍晚下雨，直到天明）又說「雨打雞鳴丑，雨傘不離手；雨打黃昏戌，明朝可外出」，即指丑時（清晨一點到三點），是公雞鳴叫的時刻，這時如果下雨，恐不易停歇，必須趕快準備雨具；至於快要天黑的戌時（下午七到九點時分）開始下雨；雖然整夜雨打紗窗，但到了天亮，就會天晴，不必帶雨具就可外出。

　　其實，黃昏戌就是初更頭。水打黃昏戌就是水打初更頭，「水打初更頭」與「水打五更頭」，行人都不必愁，實有異曲同工之妙。

　　類似五更下雨將天晴的諺語還有：「雨打五更頭，行人永無憂」，「雨打五更，日曬水坑」，「雨打早五更，遮子（雨傘）毋使撐」，「雨打早五更，雨傘勿用撐」等，可見以五更雨預測天氣晴朗，確實不是孤立的。

　　自然界歷經五更雨的洗滌，出現了燦爛亮麗的晴天，好比人生經歷了生活的試煉洗禮，也更能成熟穩重而積極奮發。於是，能熱愛自然、珍惜生命者，在水打五更頭之際，不論晴雨，都不必憂愁矣！

朦得開　出日頭　朦毋開　落大水

mung⁵	ded⁴	koi¹	chud⁴/cud⁴	ngid⁴	teu⁵
ㄇㄨㄥ⁵	ㄉㄝㄉ⁴	ㄎㄛㄧ¹	ㄔㄨㄉ⁴/ㄘㄨㄉ⁴	ㄇㄧㄉ⁴	ㄊㄝㄨ⁵
朦	得	開	出	日	頭

mung⁵	m⁵	koi¹	log⁸	tai⁷	shui²/sui²
ㄇㄨㄥ⁵	ㄇ⁵	ㄎㄛㄧ¹	ㄌㄛㄍ⁸	ㄊㄞ⁷	ㄕㄨㄧ²/ㄙㄨㄧ²
朦	毋	開	落	大	水

　　霧，四縣又叫朦紗，頗覺清新優美而有情味。霧，客語稱呼，可以直接叫霧，有 m 的鼻音，除了霧、朦紗之外，我們還習慣稱之為「朦煙」。

　　朦煙，是指尚未下雨時，濛濛的煙，恍如仙境。尤其是家鄉老屋前有柚子樹、柑子樹，清香四放，朦煙飄散，若隱若現，真如天上人間；一旦下了雨，則稱之為「朦煙」，看那濛濛細雨，煙霧漸散，童年的歡樂與美夢，都隱在濛濛煙雨中。

　　朦煙輕吻著屋頂，擁抱著樹枝，近在咫尺的阿婆都不易看到時，今天會不會下雨？上學時，家人都要我帶把雨傘，叮嚀著：「朦得開，出日頭；朦毋開，落大水（雨）」（霧要是消散，就會出太陽；要是不消散，就會下大雨）怎麼辨別呢？只要觀察短短的時間，如果光線漸亮，就知道會好天氣，否則，便下雨。以此法斷天氣，竟屢試

不爽。

　　萬一又朦煙，又打雷，那可一定要下雨了。母親說：「空心雷，毋過午時水。」（尚未吃早餐，如果雷聲大作，不必到中午，就一定會下大雨），記得，又朦煙又打雷，出門不要忘了帶雨具。

亡落水先唱歌　淨落無幾多

mang⁵	log⁸	shui²/sui²	sen¹	chong³/cong³	go¹
ㄇㄤ⁵	ㄌㄛㄍ⁸	ㄕㄨㄧ²/ㄙㄨㄧ²	ㄙㄝㄣ¹	ㄔㄛㄥ³/ㄘㄛㄥ³	ㄍㄛ¹
亡	落	水	先	唱	歌

ciang⁷	log⁸	mo⁵	gi²	do¹
ㄑㄧㄤ⁷	ㄌㄛㄍ⁸	ㄇㄛ⁵	ㄍㄧ²	ㄉㄛ¹
淨	落	無	幾	多

炎炎夏日翩然降臨，雷陣雨常是我們期盼以作為消暑的對象。只是，夏天，什麼時候會下雨呢？雨又會下多久，客諺說：「亡（未）落水，先唱歌；淨落（儘管下）無幾多（多少）。」可供參考。

意思是：老天還沒下雨，就先唱歌（打雷），再下也沒多少雨的。尤其是午後雷聲大作，看它油然作雲，沛然下雨，陣雨雖大，不到太陽下山，雨勢就驟然而歇，實在是消暑的良方，萬物的甘霖，最為及時雨，是普受歡迎的。所以說：未落雨，先唱歌，淨落無幾多。最怕是烏雲密布，無聲無息，雲暗天低，眨眼之間，滂沱大雨撼天動地而來，沒多久又緊接著閃電耀空，雷聲大作，這種雨恐怕就不易天晴，少則一兩天，多則半月，就是所謂「先雷後雨不久長，先雨後雷下不停」的徵兆，從近來下雨的情形，多少有些蛛絲馬跡可尋。

至於早晨下雨，白天大多會轉晴；而上午八九點想要下的雨，大

概也多下不成，至於中午下雨，那大概黃昏時就會天晴了，所以說：「朝晨（早晨）雨，到晝（中午）晴；半晝（八、九點）雨，落毋成（下不成）；當晝（中午）雨，兩頭（早晨與黃昏）晴。」亦是覘雨良方。

因此，關心自然，聽雷、觀雲，可以知雨；觀雨、得時，可以知天。果如此，則「未落雨，先唱歌；真是擔憂無幾多」的。

耕田莫耕河壩田　上晝萬戶下晝乞

gang1	tien5	mog8	gang1	ho5	ba3	tien5
ㄍㄤ1	ㄊㄧㄢ5	ㄇㄛㄍ8	ㄍㄤ1	ㄏㄛ5	ㄅㄚ3	ㄊㄧㄢ5
耕	田	莫	耕	河	壩	田
shong7/song7	zhiu3/zu3	van7	fu7	ha1	zhiu3/zu3	kied4
ㄕㄛㄥ7/ㄙㄛㄥ7	ㄓㄧㄨ3/ㄗㄨ3	ㄪㄢ7	ㄈㄨ7	ㄏㄚ1	ㄓㄨ3/ㄗㄨ3	ㄎㄧㄝㄉ4
上	晝	萬	戶	下	晝	乞

耕田莫耕壩田，上晝（上午）萬戶下晝乞。意指所耕田地，切不可太接近河邊，以免洪水氾濫，淹沒良田，旦夕之間，金黃稻穀化為烏有，上午還是家財萬貫，下午就落魄淪為行乞之人。暗喻吾人不論耕田種地、居家立業以及為人處世都應慎擇環境，重視環保，居安思危。

肥沃良田，靠近河邊，灌溉自然容易，但利之所至，弊亦隨之，那從群山萬壑奔流而出，又匯聚了千山萬水而形成的大河流，平日已見波濤滾滾，一旦逢上山區沛然豪雨，更如洪峰巨浪，呼嘯而來，撼天動地，排山倒海之勢的汪洋大水，很快破堤而至，衝入家園，淹沒田宅，沿岸無數村莊城市，無以數計的生靈，其身家性命，盡皆吞噬在波流之中，於是流離失所，無家可歸，親人失散，骨肉分離，童稚哭聲，此起彼落，始知耕田莫耕河壩田，轉眼之間財產性命化如煙，

如能揀得性命淪為行乞者，還算是幸運的了。

可見河壩邊的田地。水源雖然充沛，但隨時潛藏著水患危機，好比定時炸彈一般。原本良田千頃，財富萬貫，怎知一陣大水，就化為烏有，上午萬富大亨，下午就街頭行乞。眼看大陸水災，動輒數千人死亡，一億人無家可歸，河邊之田，水邊之地，真是不能耕地，也不能住人，所以說：「有錢莫買河邊地，三十河東四十西。」河水變幻莫測，又豈可輕忽？數十百年來，臺灣水災所造成的損失也是河邊田地最為嚴重，可謂耕田莫耕河壩田，上畫萬富下畫乞，切莫疏忽與大意。

耕田莫耕河壩田，住屋也莫住河壩邊；上畫萬貫財富，下畫卻淪為行乞之人，甚至親人性命也散如輕煙。耕田若耕河壩田，如不能慎擇環境，思深慮遠，掌握水性，築堤建壩，造林綠化，居安思危而未雨綢繆，一味任憑濫墾濫伐，水土流失，以致災情擴大，則雖非耕河壩邊之田地者，恐亦多將淪為行乞之人矣！

張秋台　臺灣耕耘系列專輯　刨蘿蔔

三、親情倫理

好種無傳　壞種無斷

ho²	zhung²/zung²	m⁵	chon⁵/con⁵
ㄏㄜ²	ㄓㄨㄥ²/ㄗㄨㄥ²	ㄇ⁵	ㄔㄣ⁵/ㄘㄣ⁵
好	種	無	傳

fai²	zhung²/zung²	m⁵	ton¹
ㄈㄞ²	ㄓㄨㄥ²/ㄗㄨㄥ²	ㄇ⁵	ㄊㄛㄣ¹
壞	種	無	斷

好種無傳，壞種無斷。這是父母對教育子女一時失敗而洩氣的諺語。

在父母眼中，子女的表現，竟是那麼令人失望；對父母的專長特色，聰明優秀的才質，努力奮鬥的精神，竟全然湮沒而不彰。相反的，於父母駑鈍暴躁的脾氣，消極頹廢的惡習，無一不如影隨形，承傳無誤，真令父母愛恨交加，咬牙切齒，無可奈何。於是，好種無傳，壞種無斷，常是子女不成材之際，父母自我譴責的口頭禪。

生兒育女，看似困難，其實容易；教育子女，看似容易，其實困難。一般為人父母者，平日對子女總是望子成龍，望女成鳳而期望過高。不耐心教育，而求其速成；不循循善誘，而汲於數（速）進；只見其短，不見其長；只見其失，不見其得。以為供其豐衣足食，責任已就；供其龐雜費用，負擔已了。只要一有缺失，即詈辱鞭笞，罵聲

咄咄，彷彿凌虐祖先，父祖蒙塵，氣急敗壞，臉上無光，逢人訴苦，罵聲不絕，真是好種無傳，壞種無斷。

　　玉石必須琢磨，方有精金美玉；丹藥需要提煉，方有妙藥靈丹；襁褓嬰兒，需要愛撫；童稚少年，更須教育。教育得當，茅屋可出公卿；教育失策，朱門或有敗兒。於是，歹竹可以出好筍，聖門之下有寇盜，好種無傳，壞種無斷，固是失職父母的自我譴責，亦是未盡心力的推託之辭。

　　只是，辣椒雖細而性辣，丹桂雖小而含香；黃蜂雖細而含毒，梅子雖小而苦酸。子女為父母所生，豈有不肖其父母之質？幼兒雖少，豈有不傳承父母之性？故子女之所為，豈非父母之化身？子女之為非，豈無父母之影子，若不細心引導，耐心教誨，只恐禍源不在子女，而在爹娘，果若如此，則真應了好種無傳，壞種無斷矣！

張秋台　臺灣耕耘系列專輯　拔稗除害

好子毋使爺田地　好女毋使嫁時衣

ho²	zii²	m⁵	sii²	ria⁵/ia⁵	tien⁵	ti⁷/ti³
ㄏㄛ²	ㄗ²	ㄇ⁵	ㄙ²	ㄖㄚ⁵/ㄧㄚ⁵	ㄊㄧㄣ⁵	ㄊㄧ⁷/ㄊㄧ³
好	子	毋	使	爺	田	地

ho²	ng²	m⁵	sii²	ga³	shi⁵/sii⁵	ri¹/i¹
ㄏㄛ²	ㄫ²	ㄇ⁵	ㄙ²	ㄍㄚ³	ㄕㄧ⁵/ㄙ⁵	ㄖㄧ¹/ㄧ¹
好	女	毋	使	嫁	時	衣

　　好子毋使（不必）爺田地，好女毋使嫁時衣。意指有志氣、能奮發向上的好男兒，不必倚恃爺娘留下肥美的良田，廣大的土地，富裕的財產，也一樣能奮鬥有成，出人頭地；有志氣，能善體親心的好女兒，也不必依靠臨嫁時鉅額的聘金，豐厚的嫁妝，陪嫁的財物，也能成就一生的幸福。都是針對男女雙方，不可有靠祖宗餘蔭，豪富背景，應該自立自強，不分彼此，共同攜手持家的涵義在內。

　　舊時農業社會，許多地主家族，放眼四望，沃野千里，多是自家良田；群山環繞，也是祖宗財產。兒子一旦降生，大片良田就等候著他來主持大計。及至父祖去世，順理成章的繼承了這龐大的財產，如此父子相襲，蔚為風氣。但天下沒有白吃的午餐，沒有不流汗水就可收成的稻米，子女如不成材，從小養尊處優，懶惰成性，不知今日富足，乃是前人胼手胝足的成果，因而坐吃山空。今日賣山，明日賣

田，大好家業恐怕毋須多少時日，出售盡罄。

可見，廣大家業，並非唯一給予子孫的傳家寶典，沒有富裕財產可以繼承的好男，如能培養其獨立奮鬥、刻苦耐勞、善事父母、百折不回的精神，一樣會有卓越的成就。遠者如漢朝陳平，貧至以草蓆為門，更無家業，勤奮努力，終為宰相；近者如臺灣大豪富企業，亦非全係繼承爺娘田地而致富者，可謂好男。

好女亦然。昔日傳統社會，祖宗財產未必傳給女兒，但富裕人家，在女兒出嫁時，陪嫁豐厚的嫁妝，以及可觀的積蓄是免不了的。如果要靠這些嫁時饋贈之物，而不勤於工作，善於持家，縱然財富山積，也有耗盡用完之日。何況，由儉入奢易，由奢入儉難，一旦困窮落魄，勢必影響夫妻生活，而苦經難唸。其實，有更多的家庭，並非富裕，要穿件珍貴新衣可能不易，賢慧有志的好女，自不必依恃父母所贈的嫁時珍寶衣物，而偕同夫婿建立美好家庭。古往今來，多少不必嫁時衣的好女，凝聚穩固的家庭，以為社會的中堅，自孟母以來，豈少也哉？

因此，有志氣的好男好女，不必依靠爺娘田地，不必穿著嫁時之衣，也能卓然有成；若非好男好女，即使金山銀海，亦恐七殺八敗，蕩然無存。今臺灣經濟發達，更須富而後教，宜深體創業維艱，守成不易；日中而昃，月滿而虧的道理，立志做個好男好女，不論是否有爺田地或嫁時衣，都須珍惜前人成果，努力奮鬥，創造美好的明天，才是傳統與現代的凝聚，人文與經濟的融合。

降子身　無降子心

giug³	zii²	shin¹/siin¹
ㄍㄧㄨㄥ³	ㄗ²	ㄕㄧㄣ¹/ㄙㄣ¹
降	**子**	**身**

mo⁵	giug³	zii²	sim¹
ㄇㄛ⁵	ㄍㄧㄨㄥ³	ㄗ²	ㄒㄧㄇ¹
無	**降**	**子**	**心**

　　降（生，客音 giung³）子身，無降子心。意指子女雖為父母所生，不過只是生下他們的身體而已。他們的許多觀念思想，未必和父母完全相同，只要走向正途，不必要求他們非照自己軌跡前進不可，除了要用教育力量輔導之外，不可有支配或強制他們的想法，以免失之期望過高，或失於自暴自棄，造成親子之間的衝突，欲益反損，得不償失。有深刻期許，並給子女自主心靈空間的涵義在內。

　　舊時農業社會，家族結構穩固，倫理秩序不能隨意冒犯。做子女者，唯父母之命是聽，唯尊長之話是從，許多職業都是父以傳子，子以傳孫的父子相襲，蔚成風氣。做父母的，一旦生下子女，便將望子成龍、望女成鳳的冠冕強加其身上。尚在襁褓，已經為他規劃一生婚姻、事業理想的藍圖。上焉者遵循而行，平步青雲，真令父母龍心大悅；中焉者強力而行，心中卻有不悅之意；至於下焉者，不惟與其理

想大相徑庭，甚至完全逆向操作，反其道而行，懸殊差距，有如霄壤，一生期望，付之流水，還降志辱身，敗壞門風，家族蒙羞，門楣受辱，始知兒子雖我生，心卻非我有；降子之身，終無降子之心！

於是，降子容易，養子卻難；養子容易，教子更難；教子固難，培養其中和平易、積極向上、善事父母，樂觀進取之心尤難！如何不落痕跡，拿捏準確、不疾不徐，不慍不火，若即若離，若慈若嚴，教子於無為自然之中，養心於悠然蟬蛻之外，在無形之間，脫胎換骨，不可不隨時志道據德、依仁游藝，掌握孟子所謂「父子之間不責善；責善則離，離則不祥莫大焉」的道理，體驗生子之身，卻無生子之心的真義，讓子女有揮灑的空間而不踰矩，不強迫他做自己的影子，步自己的後塵，引導而不牽逼，把握方向而不支配意志，關懷尊重而非負擔，規劃理想而非幻想，建立信心而不虛浮，謹慎努力而非畏首畏尾，導其正心，以為成功指南。

降子之身易，降子之心難，欲得子正心，導其正軌，實宜以平常心視之。兒孫自有兒孫福，莫「為」兒孫做馬牛；也須深思：兒孫自有兒孫福，莫「讓」兒孫做馬牛。為讓之間，掌握理性與感情的權衡，理智與意氣的區別，了解時代變化，將心比心，子女表現之優劣，恐亦為當年自己的翻版，以子為鏡，以子為師，庶幾降子之身，亦降子之心矣！

降，生也。語出詩經商頌・長髮：「湯降不遲，聖敬日躋。」朱熹・詩集傳：「降，生也。」楚辭・離騷：「惟庚寅吾以降」，蔣驥注：「降，生也。」

賴子一間角　毋當老公一隻腳

lai³	er⁵/e²	rid⁴/id⁴	gien¹	gog⁴
ㄌㄞ³	ㄜ⁵/ㄝ²	ㄖㄧㄉ⁴/ㄧㄉ⁴	ㄍㄧㄝㄣ¹	ㄍㄛㄍ⁴
賴	子	一	間	角

m⁵	dong³	lo²	gung¹	rid⁴/id⁴	zhag⁴/zag⁴	giog⁴
ㄇ⁵	ㄉㄛㄥ³	ㄌㄛ²	ㄍㄨㄥ¹	ㄖㄧㄉ⁴/ㄧㄉ⁴	ㄓㄚㄍ⁴/ㄗㄚㄍ⁴	ㄍㄧㄛㄍ⁴
毋	當	老	公	一	隻	腳

　　賴仔（兒子）一間角，毋當（不如）老公（丈夫）一隻腳。意指雖然生了許多兒子，可是，卻對父母不孝，不唯平日棄父母於不顧，到臥病在床的緊要關頭，仍然沒有一個兒子可以晨昏定省，任憑老母忍饑耐苦，受病魔折磨，喁喁張望而嗒然若失，最後還是結髮老伴情深意重，朝夕扶持，度過難關，才覺得到底是老公可靠。有勸夫妻恩愛、白首偕老，更要慎教子女的涵義在內。

　　舊時農業社會，由於需要耕田種地，因此，所生子女愈多愈好，尤其生下兒子，更是如獲珍寶，不論多少兒子，都寵愛有加，所謂「養兒防老，積穀防饑」，以為日後有所依託，終身有「賴」，故稱「賴子」。原本甜蜜夫妻，一旦有賴，在幾番爭端嫌隙之後，溫和態度驟然變化，夫妻恩情日漸疏遠，唯子是賴，因而溺愛成性，疏於教養，驕奢成習，予取予求，對父母無孝順之心，於工作無努力奮鬥之

意，長大之後，各自獨立，反而把父母當作累贅，無人願意奉養，一旦臥病在床，任憑呻吟呼喚，不見子女人影，上焉者雖承歡膝前，卻展現子曰色難的不悅態度，終有冷若冰霜之感，而晚景淒涼，始知爺娘惜子長江水，子想爺娘擔竿（扁擔）長。最後還是白髮老伴拖著蹣跚的步履，一跛一跛的，烹藥備茶，噓寒問暖，於是深刻體驗昔日夫妻情深的夢境，而珍惜夫妻之愛，真是「賴子一間角，不如丈夫一隻腳」。

賴子一間角，如若不孝不慈、不仁不義，真是不如丈夫一隻腳。實乃奉勸人間夫妻，要珍惜夫妻之緣，更要教導子女，樹立榜樣。唯有幸福的夫妻，才會有孝順的子女；夫妻反目，子女恐亦師法銜怨他去，直至老來夫妻相對，夜雨翦燭西窗，真情再現，始體驗「賴子一間角，毋當老公一隻腳」的真義。

范姜明華　畫

度子度到止　度孫度到死

tu[7]	zii[2]	tu[7]	do[3]	zhi[2]/zii[2]
ㄊㄨ[7]	ㄗ[2]	ㄊㄨ[7]	ㄅㄛ[3]	ㄓ[2]/ㄗ[2]
度	子	度	到	止

tu[7]	sun[1]	tu[7]	do[3]	si[2]
ㄊㄨ[7]	ㄙㄨㄣ[1]	ㄊㄨ[7]	ㄅㄛ[3]	ㄒㄧ[2]
度	孫	度	到	死

　　度子（撫育小孩）度到止，度孫度到死。意即舊時農業社會，需要許多勞動人口，所以，生小孩一直生到不會生為止。等到子女長大成婚，又要幫忙看顧孫子，帶孫子是民族發展的長河，生命傳承的美學，人口繁衍的接力賽，一直帶到自己終老，仍然持續不輟，沒有止境的。實有三代同堂、天倫之樂的幸福，與終生養兒育女、無窮甜蜜負荷的涵義在內。

　　度子，就是生育教養小孩。凡是生了子女就須撫養長大，而養育不是一件容易的事，不論聖賢平庸，都是父母骨血，要以儒家仁愛之心與佛家慈悲關懷，一視同仁，普「度」其成長。復以古代農業社會，需要旺盛無窮的勞動力，就要添增許多壯丁，當時沒有家庭計畫觀念，婦女生育一直生到沒有生育能力為止。因此，大半生除了工作之外，就要全職撫養小孩，幼稚盈室，嗷嗷待哺，哇哇啼哭與呼喚媽

媽之聲，縱橫交錯，此起彼落。好不容易，子女長大，新婦入門，孫子降生，又開始了另一人生境界，帶起了孫子。

年老體衰的祖父母，看見了純真可愛的孫子，難免會掉入時光隧道，想起自己小時的林林總總，總覺溫馨幸福，甜蜜無比。不料，光陰似箭催人老，日月如梭趕少年，記得少年騎竹馬，看看又是白頭翁，能不興起歲不我與的感觸嗎？如今，枯木逢新春，久旱逢甘霖，正好享受含飴弄孫之樂，雖然辛苦，卻也甜蜜幸福，心中是不會孤寂的，最能體驗付出的快樂。而我，除了母親、姊姊之外，就是祖父帶大的，彷彿看著他登遐遠逸，心中腦海，一直呈現祖父鮮明的身影。真是度孫度到死。

如今，時移勢變，新觀念如潮水湧至，不只家庭計畫功效甚為卓著，甚至不婚不育、享受單身快樂逍遙的觀念，蔚成風潮，度子度到止，已成天方夜譚；度孫度到死，似已不復見。只是，家庭解體，離婚日增，老人獨居，子女他去已甚普遍，眼看許多獨居老人孤獨死亡，甚至遭狗啃嚙的報導，令人感傷，度孫度到死卻成獨居獨到死，含飴弄孫之樂，果真漸行漸遠漸無蹤？

多子好種田　少子好過年

do¹	zii²	ho²	zhung³/zung³	tien⁵
ㄉㄛ¹	ㄗ²	ㄏㄛ²	ㄓㄨㄥ³/ㄗㄨㄥ³	ㄊㄧㄢ⁵
多	子	好	種	田

shau²/seu²	zii²	ho²	go³	ngien⁵
ㄕㄠ²/ㄙㄝㄨ²	ㄗ²	ㄏㄛ²	ㄍㄛ³	ㄇㄧㄢ⁵
少	子	好	過	年

　　多子好種田，少子好過年。這是一首豁達大度，積極樂觀的諺語。意指不管有多少兒女，都是父母心肝寶貝，各有千秋。兒子多，可以同心協力，蒔田割禾很快即可完成。兒子少，雖然平日人力單薄，但是，到了過年才知經濟負擔如此輕鬆。

　　我國自古以農立國，亟須眾多人力，以從事農業耕作。因此，人丁眾多被視為家道興旺的象徵，尤其是擁有幾十甲水田農民，十幾個兄弟一起下田，無須多少時日，田裡農事已然完成。

　　好種田，只是多子的好處之一，其意義應是指從事各種事業，多子具有良性引導模範，上行下效的領導作用，只要教子有方，其優質影響莫不春風十里，風行草偃的滿庭芬芳。於是，少則五子登科，多則十子登科，所謂一門豪傑，全家俊秀者所在多有。

　　三十多年前的臺灣農村，許多家庭常會為了年關將近而愁眉不

展。原來，兒子眾多，收入有限，不知如何為一大群小孩買新衣新鞋才好，買了老大的，卻少了老二的；買了老二的，卻無力買老三的，眼看他們破褐穿結，已穿一年，不買又不行，買了又無錢辦年貨，真是急如星火！這時，才發現少子的家庭，全無困擾，不只新衣新鞋，樣樣不缺，壓歲錢也特別豐厚，雞鴨魚肉糕餅糖果等，不虞匱乏，等年過了還非常豐裕，真是少子好過年。

多子與少子，其實是一體的兩面，得失與共。多深入思考，不論多子與少子，都如望見亮麗的青山與晴空。

天上大雷公　人間母舅公

tien[1]	shong[7]/song[3]	tai[7]/tai[3]	lui[5]	gung[1]
ㄊㄧㄢ[1]	ㄕㄛㄥ[7]/ㄙㄛㄥ[3]	ㄊㄞ[7]/ㄊㄞ[3]	ㄌㄨㄧ[5]	ㄍㄨㄥ[1]
天	上	大	雷	公

ngin[5]	gien[1]	mu[1]	kiu[1]	gung[1]
ㄋㄧㄣ[5]	ㄍㄧㄢ[1]	ㄇㄨ[1]	ㄎㄧㄨ[1]	ㄍㄨㄥ[1]
人	間	母	舅	公

　　天上大雷公，人間母舅公。這是飲水思源，重視母系傳統的諺語。意指天上雷公，響徹天地，固然偉大；但人間的母舅公，卻更為偉大尊崇。

　　天上雷公固然值得敬畏，人間亦有值得敬畏而奉之如天者，乃為母親的兄弟——舅舅，及外祖母的兄弟——舅公。舅公之大，如天上雷公，必事之如天，敬之如地，為什麼呢？這是對父系社會的平衡，男女平等的實質內涵，也是千萬年來母系社會的遺跡。「父兮生我，母兮鞠我……」的昊天恩情，其實是來自父母雙方的奉獻。表面上，繼承著父系的宗祧，實質上，也流著母系的血脈，我們對母系的尊崇，一如父系。如婚姻中的六禮，必以女為尊，女兒訂婚，必請舅舅點燭，並講四句祝辭，宴會必請舅舅「坐上橫頭」的尊位，子女教育如逢重大事件，必請舅舅仲裁，而非父祖；舅舅訓斥，父祖大多無有

異辭,如遭逢大慟,對舅舅、舅公必跪迎跪送……,可見,人間對母舅公之敬畏,比之於天公,不但無不及,而有過之。

記得幼小時,看見舅舅冒著溽暑,挑著母親喜愛的蕃薯、西瓜到家中的情景。此物雖不足貴,但卻跋山涉水,走了數里之遙的崎嶇山路,令人感動。如今,歲月變遷,山路也已拓寬,我們兄弟,常載著年邁的母親回娘家,外祖父母早已登遐,舅舅也已不在……。望著窗外的景色,似乎訴說童年的往事。

年輕夫妻回娘家,椿萱並茂,是一種甜蜜與幸福;而載老母親回娘家,而感天高地迥,是一種回饋與感恩,更是文化美學的芬芳。

天上大雷公,人間母舅公,是對母舅的重視,飲水思源,不忘母系的孺慕與感恩,人間舅公,亦如天上雷公受尊重,是千百年來的優良傳統,反映男女平等的實質內涵,及兩性互為尊重的真諦。

盲到八十八　毋好笑人目珠瞎

mang^{5}	do^{3}	bad^{4}	shib^{8}/siib^{8}	bad^{4}
ㄇㄤ^{5}	ㄉㄛ^{3}	ㄅㄚㄉ^{4}	ㄕㄧㄅ^{8}/ㄙㄅ^{8}	ㄅㄚㄉ^{4}
盲	到	八	十	八

m^{5}	ho^{2}	siau^{3}/seu^{3}	ngin^{5}	mug^{4}	zhu^{1}/zu^{1}	had^{4}
ㄇ^{5}	ㄏㄛ^{2}	ㄒㄧㄠ^{3}/ㄙㄝㄨ^{3}	ㄫㄧㄣ^{5}	ㄇㄨㄍ^{4}	ㄓㄨ^{1}/ㄗㄨ^{1}	ㄏㄚㄉ^{4}
毋	好	笑	人	目	珠	瞎

未到八十八，毋好（不好）笑人目珠（眼睛）瞎。這句客諺意在勉勵世人，宜心存厚道，胸襟寬廣，不可動輒取笑別人。尤其是少壯的後生，千萬不可去奚落老人動作慢、身體差；耳朵聾、眼睛瞎，說不定笑人者未到八十八，就早已耳聾眼瞎、癱瘓在床甚至入土為安了。

人由耳聰目明的健壯，直到耳聾眼瞎的衰老，是無可改變的新陳代謝，上至帝王將相，下至販夫走卒，都要在這滾滾紅塵中接受的事實。既然如此，未到八十八的年輕人，對於一些行動作不便的殘障人士，動作遲鈍的孤獨老人，一定不可嫌他們血氣衰老，耳聾眼瞎；皺紋滿臉，頭童齒豁；言語鴂舌，咬字不清，而有輕視鄙夷之意，應以仁者之心，設身處地為他們著想，雖無法直接幫助他，至少應給予起碼的尊重，才是做人的基本原則。想想，一旦自己也是如此衰老時，

健康情形是否比得上他們呢？

　　未到八十八，毋好笑人目珠瞎，是否意味八十八以後，就可笑人眼睛瞎呢？其實，八十八，對人而言，可說已登上了龜鶴遐齡的高壽，不過是老人的代稱而已，說不定未到八十八，就已全身是病了，到了八十八，多少都有老人病痛的經歷，又豈有再去奚落別人的本錢？笑人眼睛瞎，正是笑自己呢！想起先祖父在時，鄉里有個年輕人，每見到祖父眼力不好，手持拐杖，步履蹣跚時，總要取笑一句：「何時送你上山入土啊？」不料，後來竟然英年遽逝，祖父聞此消息，驚訝地說：「沒想到我老傢伙竟然送你上山啊！」

　　未到八十八，不要笑人眼睛瞎；到了八十八，才知自己眼力差！也有人說：「未到六十六，不要笑人大腳目」（未到六十六，不要笑人後腳跟兩側突出，勞碌命之意）都是不要譏笑老人之意。果如此，對一些鰥寡孤獨廢疾者；就會恫瘝在抱，以惻隱之心去溫馨對待，自會減少許多怨恨嗔怒、嫌隙爭端，建立包容體諒的祥和社會。

為老不尊　教壞子孫

vui[5]	lo[2]	bud[4]	zun[1]
ㄇㄨㄧ[5]	ㄌㄛ[2]	ㄅㄨㄉ[4]	ㄗㄨㄣ[1]
為	老	不	尊

gau[1]	fai[7]	zii[2]	sun[1]
ㄍㄠ[1]	ㄈㄞ[7]	ㄗ[2]	ㄙㄨㄣ[1]
教	壞	子	孫

　　意指外表道貌岸然，德高望重的老人，素來為後生晚輩，門生後進所師法學習的對象，自宜謹守禮法，樹立楷模，千萬不可行為失檢，不軌於道，以致違法犯紀，作奸犯科，影響所及，不惟自誤，而且誤人，在少年純潔的心靈上，天真的憧憬中，投下巨大的陰影，使得指引明燈幻滅，心中偶像傾頹，造成連番撞擊震撼，其負面影響，污染一生難以平復，因而惡性循環，為害非淺，真是為老不尊，教壞子孫。

　　人之稱為老，所謂「老」師宿儒，「老」臣謀國，「老」成持重，多問三「老」，學問會好等，具見藹然長者在我們心目中崇高的地位，但亦有許多為老不尊者，則真是令人敬謝不敏。

　　然而，今之老者，實為昔之壯者；今日之晚輩，將為明日之長輩，世無永遠之長輩與晚輩，對失尊老者，亦不宜責之太嚴，何不易

地而處，將心比心，寬柔以待，以情相處，以理處事，且失尊老者，多遭失偶之婚之痛，宜捐棄成見，方為正途，舜不告而娶，尚有孝子之稱，實乃其善待不尊之老，無有激烈之行，處世圓熟之故，況且時移勢變，河東河西，風水輪轉，他日身老，又將若何！

　　為老不尊，教壞子孫，不只諷刺不尊之負面影響，更暗喻未老之年輕父母，宜早日學習長者典範，身教言教並重，不可一味諉過老者，而乏反省功夫，否則，代代相責，歷史悲劇，將不斷上演。

惜花連盆　惜子連孫

siak[4]	fa[1]	lien[5]	pun[5]
ㄒㄧㄚㄍ[4]	ㄈㄚ[1]	ㄌㄧㄢ[5]	ㄆㄨㄣ[5]
惜	花	連	盆

siak[4]	zii[2]	lien[5]	sun[1]
ㄒㄧㄚㄍ[4]	ㄗ[2]	ㄌㄧㄢ[5]	ㄙㄨㄣ[1]
惜	子	連	孫

　　惜花連盆，惜子連孫。意指愛惜花草盆景之人，除喜愛漂亮花朵之外，連所栽種的缽盆也關愛無比，一樣疼惜；深愛子女的父母，看到活潑可愛的孫子，也是疼愛有加，含飴弄孫，快樂無窮。真是仁心的呼喚，愛意的擴充，所謂愛屋及烏、仁民愛物，推己及人的仁者胸懷。

　　亮麗柔美的鮮花，襯托著綠意盎然的葉子，原本生長在肥沃的土地上，一旦深受眷顧，被移植於花盆中，日日澆水施肥，細心照顧，可以怡情養性，秀色宜人，有充實幸福之感。這時，不只愛花，也愛花盆。因為，如無花盆的依恃，鮮花無法憑空存活，還可由室外移至室內，走廊移至客廳，盆之為用，果然大矣！它成了失去廣大生存空間之後的患難朋友，最忠實的護花使者，怎能不去惜花連盆，體會他們相濡以沫的深厚感情？都是一種仁心善意，最美的感情昇華。

愛護子女，是父母的天性，古今不易之理。而愛護孫子，更是愛心的擴散，親情的延伸。心中有子女，孫子如同己出；心中無子女，孫子或形同陌路。父子親情有多深，細觀祖孫之情便可略知一二；孝親之情有多厚，細審孫子孺慕之心便覘悉二三。多少祖父母，常含著微笑，帶著自己的孫子，不論是兒子或女兒所生，都一體同霑，充滿幸福。看他們說：「戀雞孃，孵鴨春（鴨蛋）；戀且（外）婆，度外孫。」或「戀阿公，度孫子」（皆不求回報之意），真是度子連孫。

　　記得崎嶇山路口，傴僂的祖父持著火把等我放學回家的情景，而那時，只有小學五年級；在那雜草叢生的田間小路，為了避免上學雙腳沾溼露水，年邁的祖父，卻拿著鋤頭把草全部鑔光，受惠的不只是孫子一人而已。確是惜子連孫連鄰又連村，這傳統溫柔敦厚的美學色彩，總是那樣溫馨感人，長留碧空。

　　能惜花連盆者，多會惜子連孫；能惜子連孫者，亦會惜花連盆。二者是千年仁者的胸襟，民族遺愛的展現；是孝子不匱，永錫爾類的發揚。

　　於今社會遽變，家庭解體，在惜花連盆，惜子連孫之際，是否也能飲水思源，孝及父祖，時時重視生命的夕陽，綻放人間晚晴的光彩。

胡畢賢攝

在家毋會迎賓客　出路方知少主人

cai⁷	ga¹	m⁵	voi⁷	ngiang⁵	bin¹	hag⁴
ㄘㄞ⁷	ㄍㄚ¹	ㄇ⁵	ㄎㄛㄧ⁷	ㄇㄧㄤ⁵	ㄅㄧㄣ¹	ㄏㄚㄍ⁴
在	家	毋	會	迎	賓	客

chud⁴/cud⁴	lu⁷	fong¹	di¹	shau²/seu²	zhu²/zu²	ngin⁵
ㄔㄨㄉ⁴/ㄘㄨㄉ⁴	ㄌㄨ⁷	ㄈㄛㄥ¹	ㄅㄧ¹	ㄕㄠ²/ㄙㄝㄨ²	ㄓㄨ²/ㄗㄨ²	ㄇㄧㄣ⁵
出	路	方	知	少	主	人

在家毋會迎賓客，出路方知少主人。意指平日在家，有客人造訪，如果不能善盡地主之誼，以主人熱情之禮款待賓客，甚至面容冷淡，倨傲鮮腆，予人以不受歡迎之感的話，是親子關係、生活教育最錯誤的示範。一旦等到自己出門在外，須求助於朋友之際，才會深刻體悟投宿無門的感覺。有要結交益友、善待客人，禮尚往來，以身作則實踐生活教育及重視啟蒙教育的涵義在內。

家，應是溫暖幸福的樂園，是放鬆心情、悠遊自在的好所在。為了讓出門在外的賓客遊子，也能安心恬適，便是使得他們有賓至如歸、沒有隔閡的感覺，實為招待客人的最高境界。因此，一旦有賓客駕臨，便應出之以誠，發自內心的微笑，出自肺腑的懇切，全家大小，溫柔動員，待之以禮，款之以情。沒有造作，只有自然；不必排場，只有關懷，所謂「怡然敬父執，問我來何方？問答未及已，兒女

羅酒漿，」不必豪華筵席，即使粗茶淡飯，雞黍春韭，竊燭西窗，亦足以暢敘歡情。而此正是親子賓客關係融為一體的待客美學。

如果不此之圖，賓客已至半日，主人尚還久久不見，或見之不以禮，言語傲慢不屑，拒人千里，冷若冰霜，氣氛嚴肅，話不投機，或箕踞而坐，或服裝不整；或睥睨斜視，或趾高氣揚，隨意離席穿梭，或顧左右而言他，這不只是在家不會迎賓客而已，更是對親子啟蒙教育做了最錯誤的示範，對生活教育投下了定時炸彈，修身齊家之不治，又遑論其他？

人不能離群索居，有朝一日，自己也要出門辦事訪友，便會深感友情可貴，而盼望朋友的眷顧。不只異鄉客地，即使住家周圍，也是亟須鄰里守望相助，自己平日如未能廣結善緣，不惟缺乏知己親戚朋友，連泛泛之交也談不上，殊少親朋故舊，子女又不成材，人生旅途自是失色不少，正是在家不會迎賓客，出路方知少主人。可見待客交友，實在不容忽視。因此，親戚要多聯繫，益友要多交往，人際關係要和諧，個人如此，社會國家亦然，如外交的開拓，人員的互訪，未嘗不以禮相待，所謂「客來主不顧，應恐是癡人」，正是：在家必須迎賓客，出路不愁無主人，豈不美哉！

在家以禮迎賓客，其實正是親子關係的起點，啟蒙教育的課程，生活教育的典範，交結親朋益友的開端，人際關係的初步。彼此晤言一室之內，體驗賓主交融之情，滿室春風之樂。如若不然，則不知親子關係為何物，生活啟蒙教育空洞無物，良朋益友付之闕如，子女他去，長年獨居，豈不是「在家不會迎賓客、出路方知少主人」，人生道路孤寂，午夜夢回堪歎，其為人生缺憾也大矣！

莫飲卯時酒　昏昏醉到酉

莫罵酉時妻　一夜都孤棲

mog[8]	rim[2]/im[2]	mau[1]	shi[5]/sii[5]	ziu[2]
ㄇㄛㄍ[8]	ㄖㄧㄇ[2]/ㄧㄇ[2]	ㄇㄠ[1]	ㄕㄧ[5]/ㄙㄥ[5]	ㄐㄧㄨ[2]
莫	飲	卯	時	酒

fun[1]	fun[1]	zui[3]	do[3]	riu[1]/iu[1]
ㄈㄨㄣ[1]	ㄈㄨㄣ[1]	ㄗㄨㄧ[3]	ㄉㄛ[3]	ㄖㄧㄨ[1]/ㄧㄨ[1]
昏	昏	醉	到	酉

mog[8]	ma[3]	riu[1]/iu[1]	shi[5]/sii[5]	ci[1]
ㄇㄛㄍ[8]	ㄇㄚ[3]	ㄖㄧㄨ[1]/ㄧㄨ[1]	ㄕㄧ[5]/ㄙㄥ[5]	ㄑㄧ[1]
莫	罵	酉	時	妻

rid[4]/id[4]	ria[7]/ia[3]	du[3]	gu[1]	si[1]
ㄖㄧㄉ[4]/ㄧㄉ[4]	ㄖㄧㄚ[7]/ㄧㄚ[3]	ㄉㄨ[3]	ㄍㄨ[1]	ㄒㄧ[1]
一	夜	都	孤	棲

　　莫飲卯時酒，昏昏醉到酉；莫罵酉時妻，一夜都孤棲。意指在空氣清新的早晨，最宜勤奮工作，或鍛鍊身體，不宜貿然喝酒，一旦喝了酒，恐會昏醉不醒，直至太陽下山，而嚴重費時誤事；同樣，在黃昏時分，大家都如倦鳥歸巢，共享天倫之際，更不宜為了一點小事，夫妻輕啟戰端，喋喋爭吵，不惟影響晚餐食欲，家庭和樂，更會破壞

夜間夫妻生活，一夜孤棲。確為健康和諧，幸福生活的座右銘。

卯時，就是早晨五點到七點時分，這時，正是旭日東升、朝霞萬丈，也是神清氣爽、活力充沛之時，正宜略微舒活筋骨，進用早餐，準備努力工作之際，最是不宜飲酒，一旦三杯黃湯下肚，必然有害身體，尤其腹內空虛，必易醺然而醉，渾然忘我，不辨東西，別說重要計畫，無法進行，即使例行工作，也難以為繼，如此酗酒過度，真是荒廢歲月，虛擲光陰！

而且摧殘身體，眼冒金星，雖臥於床上，仍然天旋地轉，胸中欲嘔，口乾舌燥，輾轉反側，自己固然痛苦不堪，家人亦連累受罪，待到酒醒，已是夕陽西下，又是虛度一日矣！

酉時，就是傍晚五時到七時之間，這時，正是晚霞滿天，炊煙裊裊的美麗時刻。本宜下班回家，歡喜相聚，享受天倫，如果此時丈夫為了瑣事，遷怒諉過，責備妻子，必為安詳夜晚，帶來不安的夢魘。雙方如果未能克制情緒，必如決堤之水，淹沒溫馨家庭，摧毀幸福婚姻。美好氣氛，頓時布滿陰霾，紛爭糾結一旦緊繃難解，則整晚夫妻都會相敬如「冰」，形同陌路，因而鴛鴦被冷，同床異夢，可以孤棲一夜，尚稱平安，一旦禍起「閨房」，鬧出人命，則家庭支離破碎，子女無端遭殃，其不幸的嚴重後果，豈只一夜「孤棲」而已！臺灣多少夫妻情變，不禁令人怵然而驚！

莫飲卯時酒，以免昏昏醉到酉；莫罵酉時妻，以免一夜都孤棲。是對健康事業，作聲聲的呼喚；對幸福家庭，作時時的叮嚀。也是古代養生保健的箴言，男女平等的標竿；是對男性權力的約束，女性自主權的伸張。

我們不惟不宜遽飲卯時之酒，任何時地，亦皆不宜暴食暴飲，所謂酒能敗事者也；不惟不宜辱罵酉時之妻，任何時地，都應相互包容，所謂「夫者，扶也；妻者，齊也」，夫妻者，要扶而齊之，攜手

扶持,是古代男女平等的真諦,用之今日,仍歷久彌新。

　　孤棲　寂寞之意。李白‧把酒問月:「白兔擣藥秋復春,嫦娥孤棲與誰
　　　　鄰。」

家無譨譨公　脈介也係空
家無譨譨婆　脈介也係無

ga¹	mo⁵	nung⁵	nung⁷	gung¹
ㄍㄚ¹	ㄇㄛ⁵	ㄋㄨㄥ⁵	ㄋㄨㄥ⁷	ㄍㄨㄥ¹
家	無	譨	譨	公

mag⁴	gai³/ge³	ria⁷/ia³	he³	kung¹
ㄇㄚㄍ⁴	ㄍㄞ³/ㄍㄝ³	ㄖㄧㄚ⁷/ㄧㄚ³	ㄏㄝ³	ㄎㄨㄥ¹
脈	介	也	係	空

ga¹	mo⁵	nung⁵	nung⁷	po⁵
ㄍㄚ¹	ㄇㄛ⁵	ㄋㄨㄥ⁵	ㄋㄨㄥ⁷	ㄆㄛ⁵
家	無	譨	譨	婆

mag⁴	gai³/ge³	ria⁷/ia³	he³	mo⁵
ㄇㄚㄍ⁴	ㄍㄞ³/ㄍㄝ³	ㄖㄧㄚ⁷/ㄧㄚ³	ㄏㄝ³	ㄇㄛ⁵
脈	介	也	係	無

　　家無譨譨（嘮叨）公，脈介（什麼）也係（是）空；家無譨譨婆，脈介也係無（音ㄇㄛ）。意指家庭中如無嘮嘮叨叨的老公，一切都是空虛的；家中如無叨叨擾擾的老婆，將會一無所有。

　　原來，聲聲的嘮叨，就是刻骨的關懷，失去彼此的關懷，恐會悵然若失。有勸世間夫妻，多包容對方的嘮叨，珍惜對方關心的涵義在

內。

夫妻相處濃情蜜意，叫做讔，所謂「你讔我讔」者，是指雙方感情深厚無比，濃得化不開來，然而，過於濃厚，即全心投入，關懷之意深刻入微，觸處皆為對方注意範圍之內，便顯得細微瑣碎，因而流於嘮叨囉嗦，如果未能體會對方好意，就會現出焦躁不耐，齟齬漸起，嫌隙漸生，自己好意遭受誤解，也同時誤解對方善意，對雙方而言，都是一種損失，極為可惜。

其實，囉嗦與關懷的認定，常在一念之間，是爭端與幸福的分水嶺。善意的出發，是一種幸福；錯誤的詮釋，是一種負擔。人常在擁有讔讔之情而不覺可貴；多在失去以後才做深刻的懷念，則為時已晚。

何況，家庭的基礎在夫妻二人，二者缺一，好比獨木不能成林，獨緒難以成帛一樣，終有遺憾。

人有喜怒哀樂，不如意事十常八九，遇到挫折失意之事，在閒暇獨處時，如無親密之人可以安慰傾訴，恐將無法自制而消極低沉，甚或釀成不幸之事。

於是，未婚之人，總在期待終身伴侶；而許多夫妻，相思卻是總在分手之後，才猛然想起對方的種種好處，可是，一切已成虛空，難以挽回，夫妻相處好比鍋蓋一樣，「有鍋無蓋莫想煮，有蓋無鍋煮也愁」，其所受到不利的影響，恐怕不只夫妻二人而已。

因此，不能珍惜把握讔讔的老公，一切希望恐會成為虛空；不能善體讔讔的老婆，一切理想恐怕也會成為泡沫。人人需做讔讔多情的夫妻，也要警惕自己不可成為讔讔嘮叨的配偶，以使善意受誤解，愛心如流水，雙方都需要有反省的能力，與包容的雅量。

讔讔　多言也。楚辭‧九思：「群思兮讔讔。」

斷油毋斷醋　斷醋毋斷外家路

ton[1]	riu[5]/iu[5]	m[5]	ton[1]	sii[7]
ㄊㄛㄣ[1]	ㄖㄧㄨ[5]/ㄧㄨ[5]	ㄇ[5]	ㄊㄛㄣ[1]	ㄙ[7]
斷	油	毋	斷	醋

ton[1]	sii[7]	m[5]	ton[1]	ngoi[7]	ga[1]	lu[7]
ㄊㄛㄣ[1]	ㄙ[7]	ㄇ[5]	ㄊㄛㄣ[1]	ㄫㄛㄧ[7]	ㄍㄚ[1]	ㄌㄨ[7]
斷	醋	毋	斷	外	家	路

　　斷油不斷醋，斷醋不斷外家路。這是一句極為重視母系親戚關係的客諺。意指家庭縱然貧窮，買不起油，但絕不能不用醋；即使連最便宜的醋也在斷炊，那最重要的精神支柱外家（娘家），可千萬別漸行漸遠而生疏，尤其是每年的年初二，一定要歸省探親。

　　舊時農業社會，一般家庭多在初一、十五才買豬肉，並利用肥肉煎油煮菜，不論怎麼節省，油都很快用光，不得已只好用醋代替，而有苦瓜無油苦溜溜，菜瓜無油滑溜溜的感覺。必不得已，醋也沒有了，不論如何貧窮，總要經常想念親恩，堅毅奮鬥，絕對不能忘了娘家母親。女兒出嫁以後，平常由於路途遙遠，不易回家，但是，到了過年初二，是一定要回娘家的。這回娘家的習俗，是一種飲水思源的精神表現，即使先進的歐美，也甚少有這深層的文化內涵。為什麼要在初二回娘家呢？這是一種美好吉祥的象徵，文化的特色。因為，一

般人多喜雙不喜單，都希望女兒女婿、兒子媳婦成雙成對，大富大貴，能夠家庭和諧，百年好合。於是，便在初「二」這「偶」數的日子「雙雙」回娘家。偶數又是陰數，象徵這天以女為貴，以母為尊，故不云回「父」家，而說回「娘」家，可見一斑。即使父母老去，有兄弟在也一樣，所謂「天上大雷公，人間母舅公」的尊崇，是傳統文化對母系的反哺與重視，實現男女平等的實質內涵，卻一直受到誤解，殊為可惜。

可以斷油，但不能斷醋；可以斷醋，但切不可以斷了外家路。回娘家，早已成了甜蜜溫馨的民族美學，深植人心。今日社會，油醋早已不缺，轉外家更習以為常，甚至不分彼此，男就女家亦已司空見慣，實在應珍惜這感念親恩、飲水思源的優良傳統：男女互相尊敬，夫妻相敬如賓，家庭幸福美滿，如何深體「夫婦者，人倫之始也」的重要性，做子女良好的模範，才是「不斷外家路」的真諦。

外家，猶言娘家。史記‧外戚世家十九：「大臣議立后，疾外家呂氏強。」

四、婚姻

愛情

五六七擺毋見面　八九十世也無緣

ng²	liug⁴	cid⁴	bai²	m⁵	gien³	mien³
π²	ㄌㄧㄨㄍ⁴	ㄑㄧㄉ⁴	ㄅㄞ²	ㄇ⁵	ㄍㄧㄢ³	ㄇㄧㄢ³
五	六	七	擺	毋	見	面

bad⁴	giu²	shib⁸/siib⁸	she³/se³	ria⁷/ia³	mo⁵	rian⁵/ien⁵
ㄅㄚㄉ⁴	ㄍㄧㄨ²	ㄗㄧㄅ⁸/ㄙㄧㄅ⁸	ㄗㄝ³/ㄙㄝ³	ㄖㄧㄚ⁷/ㄧㄚ³	ㄇㄛ⁵	ㄇㄧㄢ⁵/ㄧㄢ⁵
八	九	十	世	也	無	緣

　　五六七擺毋見面，八九十世也無緣。不是消極的無奈，而是積極的心理建設。是用平常數字排列組合，而表示自己內心感受的諺語。意指自己所思慕的對象，如果連續的邀請，招致不斷的拒絕，以後五六七次都不跟你見面，恐怕今年難以歡然聚合為幸福眷屬，就是八九世以至十世，也怕難有緣份。有凡事不可強求，認清情勢，自我反思，重新出發，海闊天空的涵義在內。

　　人類有情，情隨物動，物以情遷，情遷而得其中和，則溫柔敦厚，海闊天空；情遷而有所偏失，則恐情緒失控而困於一隅。故如何化解挫折，情緒管理，以情順理，以理導情，融文學數學為一體，合理智感情而為一，或可減輕失意的痛苦，因此，一次二次誠意的邀請，卻一次又一次的說沒時間，再而三，三而四的拖延，五六七次的避不見面，也許真的八九十世也會無緣。五六七次，只是形容次數甚

多，恐怕真的心意已決，而不宜再去嘗試。似是消極的退卻，實際是浴火的重生，不會陷入情緒的糾葛，警惕自己，適可而止，勿為情困，重新出發。

五六七次不見面，八九十世也無緣。這種數字句，也是自然人文的凝聚，通識教育的發韌，用於啟蒙教育，效果更佳。記得童稚時，先祖所教的數字詩，如：「一去二三里，煙村四五家，亭臺六七座，八九十枝花」，在腦海中，便長存美麗開朗、如詩如畫的境界。當挫折失意，如車子不斷拋錨、按捺不住而氣急敗壞之際，如果唸到了「一開二三里，拋錨四五回；修理六七次，八九十人推」的句子，又不禁破涕為笑。

據云古代客家才子羅隱，擅長這種數字詩，許多姊妹都要求他即席用數字聯成四句，而且要一到十，按順序作成，羅隱打量一下，便拈成了：「一姑秀麗二姑嬌，三寸金蓮四寸腰；買得五六七盒粉，八九姊妹十分妖。」姊妹們猶不過癮，又要他從十到一再來四句，羅隱思索片刻，便唸了出來：「十九月色八分光，七姊留來嫁六郎；五更四處敲三點，兩人雙雙共一床（或兩人合抱在一床）」。真是數字文學結合的美麗境界。數字本無情，一旦融入意念之中，便覺人間處處有情矣。

心中有意，意中有情，情得而喜，情失而憂，自是難免之事。因此，兩情相悅，纏綿悱惻而載欣載奔，便唸出了「一見兩面笑連連，三番四次去公園；五六七擺阿母講，八九十世好姻緣」的樂章；一旦落花有意，流水卻無情而憂心忡忡，又唸出了「一次兩次講無閒，三番四擺緊拖延；五六七擺毋見面，八九十世也無緣」的心聲，喜於情緒管理而不會有所偏失。

五六七擺毋見面，八九十世也無緣。不是消極的無奈，而是積極的重生。是好聚好散，不為夫妻即為朋友的詮釋；是君子交「疏」不出惡聲的古風，不論有緣無緣，就當它是風恬浪靜、落月無聲的安詳。

放只大方分汝看　日後相思莫怨吾

biong³	zhag⁴/zag⁴	tai⁷	fong¹	bun¹	ngi⁵	kon³
ㄅㄧㆆㄥ³	ㄓㄚㆣ⁴/ㄗㄚㆣ⁴	ㄊㄞ⁷	ㄈㆦㄥ¹	ㄅㄨㄣ¹	ㄐㄧ⁵	ㄎㆦㄣ³
放	只	大	方	分	汝	看

ngid⁴	heu⁷	siong¹	sii¹	mog⁸	rian³/ien³	ngai⁵
ㄐㄧㆵ⁴	ㄏㆤ⁷	ㄒㄧㆦㄥ¹	ㄙ¹	ㄇㆦㆣ⁸	ㆤㄧㄢ³/ㄧㄢ³	ㄐㄞ⁵
日	後	相	思	莫	怨	吾

　　放只（個）大方分汝（給你）看，日後相思莫怨吾。意指你要欣賞我，就讓你欣賞吧！但可別沈迷流連，一廂情願而不能自拔，日後相思成病，千萬別怪怨我呀！有暗示男女交往，宜循正常管道，心胸放寬，得失勿重，要拿得起，放得下，以免美意轉成空，弄巧反成拙的涵義在內。

　　有句客家歌謠說：「男子出門闖天下，女子持家又耕田。」長期在外歷練的結果，客家女子亦大多大方積極、樂觀進取，極少忸怩作態，不是被動的要求別人憐愛，而是主動的表達自己想法與感情，可輕易的化解了各種形式的偷看行為。話說有個不善表達，卻又愛慕妙齡少女的男子，暗戀對門女子，總愛偷窺對方，一片誠心善意卻總是表錯情，常常利用機會，有意無意之間，就會去偷看。不論上班下班、工作休閒，總要繞道門前，用歌聲引起對方注意，真是不勝其擾。

今日，他又來了，還唱起了歌：「想看阿妹實在難，好比鯉魚上高灘；水鮮（清）驚怕人看到，水汶（濁）又怕網來攔。」（意即想要見你，真太難了，好比鯉魚逆流而上，清清河水，怕人看見；渾濁河水，怕網來攔，不知如何是好。）

這位小姐素性大方，爽朗可愛，芳心電轉：這有什麼難不難呢？便回應刺激他一下：「對面阿哥目珠（眼睛）歪，三番兩擺（次）偷看吾；放只大方分汝看，日後相思莫怨吾。」（意即對門年輕人，眼睛太不老實了，三番兩次，總要找機會來偷看我，好吧，我就大大方方的讓你看個夠吧，只是，日後無心工作，得相思病，就不要埋怨我呀！）

這不禁讓人想起近來的電視廣告，大大方方的小姐說：「你在看我嗎？可再靠近一點。」淺白質樸的話語，卻是天地之間，自然流露的元音，真是，「放只大方分汝看，日後相思莫怨吾。」你，還要靠近一點嗎？

吾，俗寫作偓，客音（ngai⁵）。

新打茶壺錫鎏鉛　總愛有惜正有緣

sin¹	da²	ca⁵	fu⁵	siag⁴	lau¹	rian⁵/ien⁵

ㄒㄧㄣ¹　ㄅㄚ²　ㄘㄚ⁵　ㄈㄨ⁵　ㄒㄧㄍ⁴　ㄌㄠ¹　ㄖㄧㄋ⁵/ㄧㄋ⁵

新　　打　　茶　　壺　　錫　　鎏　　鉛

zun²　oi³　riu¹/iu¹　siag⁴　zhang³/zang³　riu¹/iu¹　rian⁵/ien⁵

ㄗㄨㄥ²　ㄛㄧ³　ㄖㄨ¹/ㄧㄨ¹　ㄒㄧㄍ⁴　ㄓㄤ³/ㄗㄤ³　ㄖㄨ¹/ㄧㄨ¹　ㄖㄧㄋ⁵/ㄧㄋ⁵

總　　愛　　有　　惜　　正　　有　　緣

　　自由戀愛是近世紀的產物，但客家人在千百年前始唱山歌之時，就用山歌諺語深體其中真諦了。他們上山下田，砍柴插秧；樂天知命，以歌遣興；肯定自己，亦尊重對方，好友相見，引吭高歌，互相用一語雙關的含蓄表達，溫柔敦厚，歌詞優美而富哲理，雖是歌詠無情之物，卻又深情無限，怎能不令人深深相惜呢？例如：

　　新打茶壺錫鎏鉛　妹愛錫來哥愛鉛
　　妹愛鉛來哥愛錫　總愛有錫（惜）正（才）有鉛（緣）

　　意即：這新茶壺是由鉛和錫鎔製而成，二者缺一不可，不管是你讚美錫，我禮讚鉛；或是你歌誦鉛，我深愛錫；總是要有錫，鉛才能發揮完美功能，而恰好客語錫與惜，鉛與緣同音相關，更深的意涵

是：要有愛「惜」之心，才會有「緣」相聚！這首山歌，一方面能認識茶壺的構造是「錫」和「鉛」；一方面也瞭解到愛情的真諦是靠「惜」和「緣」，客家人唱山歌和詩人見景生情、見物起興一樣，雖是不解風情的茶壺，透過豐富的想像力和深厚的情韻，唱來真是意味雋永而意義深長。

類似的還有：

新打茶壺錫過多
十人看過九人摸
人人都講係好錫（惜）
就係毋知有鉛（緣）無？

無，客語唸ㄇㄛ，與摸同屬明母，與摸多在此同韻。意思與上首大同小異，即錫成份較多的茶壺，大多數人都很喜愛而情不自禁的端詳，不斷地嘖嘖讚賞是好錫（值得愛惜），只是，不知道有沒有鉛（緣）的成分在內啊？言外之意，絃外之音，可謂有異曲同工之妙！

這兩首山歌，有高度的藝術技巧及文學價值，又是真情的流露。古人說：「詩以道性情」，山歌何嘗不然？唱山歌，不只可以打發情志，排遣愁悶；還可增進生活知識，促進彼此感情，體悟有「惜」才有「緣」的至理！

藤生樹死纏到死　藤死樹生死也纏

ten⁵	sang¹	shiu⁷/su⁷	si²	chan⁵/can⁵	do³	si²
ㄊㄝㄣ⁵	ㄙㄤ¹	ㄕㄧㄨ⁷/ㄙㄨ⁷	ㄒㄧ²	ㄔㄢ⁵/ㄘㄢ⁵	ㄉㄛ³	ㄒㄧ²
藤	生	樹	死	纏	到	死

ten⁵	si²	shiu⁷/su⁷	sang¹	si²	ria⁷/ia³	chan⁵/can⁵
ㄊㄝㄣ⁵	ㄒㄧ²	ㄕㄧㄨ⁷/ㄙㄨ⁷	ㄙㄤ¹	ㄒㄧ²	ㄖㄧㄚ⁷/ㄧㄚ³	ㄔㄢ⁵/ㄘㄢ⁵
藤	死	樹	生	死	也	纏

　　藤生樹死纏到死，藤死樹生死也纏。意味著青年男女，對愛情的堅貞不二，有始有終，即使對方已經物故，也依然情愛如一，未曾異志，精神專一，至死不渝，就如活藤與枯樹，永遠心手相連，長相左右一樣；更有對事業執著，堅毅奮鬥的涵義在內。

　　其實，這是一首有名的客家山歌，由於真情生動，入人心坎，長久以來為人傳頌，而成客家諺語。原來的歌詞是：「入山看見藤纏樹，出山看見樹纏藤；藤生樹死纏到死，藤死樹生死也纏。」想起客家先民還是青年男女的時候，上山工作，在樹林裡，偶然之間，看見了枯藤纏綠樹。枯樹被藤纏的情景，心念頓轉，靈機一動，於是天籟化成妙語，情愛化為歌謠，兩心相合，契合無間；兩心齊動，譜出愛曲，散發幽香，同心之言，其臭如蘭，千百年來，隨著藤纏樹的歌聲，感動了多少熱戀中的男女，慰藉了多少怨偶的婚姻。這實在是有

靈性、明智、溫馨而理性的啟示，尤其是客家先民，歷經顛沛流離，人事滄桑，走過了苦澀辛酸、崎嶇坎坷的人生道路，最是期望幸福美滿，但也深知白首偕老，永浴愛河，確是可遇不可求的人生至樂，一旦無法如願，也希望能像長藤與樹般，長久相偎相依，這樣達觀理性的面對現實，更加深了客家人對生命的摯愛與事業的執著。

藤生樹死纏到死，藤死樹生死也纏，是客家男女愛情始終如一的誓言，是婚姻至死不渝的標竿。在其他各族婦女還在纏足的時候，客家婦女已和男子平起平坐，共唱同歌，自由戀愛；指藤為誓，指樹為盟，更是男女平等的先驅。看那藤生樹死，藤死樹生；日落日出，潮起潮落，永遠深愛著對方，深愛著家庭與田園，深愛著工作與事業，於是，朝也山歌，暮也山歌，朝朝暮暮，堅貞如故。

對毋著　企到天光著　對得著　免得春光老

dui³	m⁵	do²	ki¹	do³	tien¹	gong¹	do²
ㄉㄨㄧ³	ㄇ⁵	ㄉㄛ²	ㄎㄧ¹	ㄉㄛ³	ㄊㄧㄢ¹	ㄍㄛㄥ¹	ㄉㄛ²
對	毋	著	企	到	天	光	著

dui³	ded⁴	do²	mien¹	ded⁴	chun¹/cun¹	gong¹	lo²
ㄉㄨㄧ³	ㄉㄝㄉ⁴	ㄉㄛ²	ㄇㄧㄢ¹	ㄉㄝㄉ⁴	ㄔㄨㄣ¹/ㄘㄨㄣ¹	ㄍㄛㄥ¹	ㄉㄛ²
對	得	著	免	得	春	光	老

對毋著（對不上），企到天光著（站到天亮）；對得著，免得春
光老。意指舊日的新娘，為考驗老公（丈夫）的才華，新婚之夜出題
讓丈夫對答，如果對不上，就不讓丈夫進新房，可能要在門外站在天
亮，對得上，才免得蹉跎春光。

真是舊時代的新女性，舊社會的新觀念，舊日女性的自主權，其
實是曖曖含光，鮮為人知的。

眾所皆知，蘇小妹三難新郎的故事，為千載佳話。自視甚高的才
女蘇小妹，在新婚之夜竟然對丈夫秦觀來個「新婚訓練」當下馬威，
關起新房大門，出道題目「閉門推開窗前月」，讓秦觀對答，直到對
上，方才開門，可是，秦觀百思不得其解，至夜深人靜仍不得其門而
入，急壞了做哥哥的蘇東坡，暗中投石以引導啟發，果然，有了「一
石擊破水中天」，讓秦觀找到了絕妙的答案，房門才開，歡然而成美

眷。

　　客家婦女自主性強，才情亦高，文學天分不落人後。傳說有一新娘，嫌其夫老，新婚之夜亦如法炮製，關起房門，設下關卡，出道題目，要新姑爺對答：「白屋堂中，白髮老人，老矗矗，矗矗老；對毋著，企到天光著。」（白屋之中的白髮老人啊，你真是太老了，這個對子，你如對不上，就休想進我的房門，站到天亮去吧！）這位老新郎無可奈何，只好在門外苦思尋對，徙倚徘徊狀至焦急，剛好給他的姪子撞見。

　　於是，便教他如此如此，新郎才大聲回答：「紅羅帳內，紅粉佳人，嫩息息，息息嫩，對得著，免得春光老」（紅羅帳的新房之內，我深愛的紅粉佳人，是那樣的嬌嫩美豔，柔媚萬分，請速開門，免得蹉跎時光，虛度春宵，年華老去，至為可惜。）

　　新房之門，果然應聲而開。新娘甫過門，就展現如此驚人威力，恐怕不是只有「企壁角」或「园間角」而已矣！

做新娘　园間角　細人子　企壁角

zo³	sin¹	ngiong⁵	kong³	gien¹	gog⁴
ㄗㄛ³	ㄒㄧㄣ¹	ㄇㄧㄛㄥ⁵	ㄎㄛㄥ³	ㄍㄧㄢ¹	ㄍㄛㄍ⁴
做	新	娘	园	間	角

se³	ngin⁵	er⁵/e²	ki¹	biag⁴	gog⁴
ㄙㄝ³	ㄇㄧㄣ⁵	ㄜ⁵/ㄝ²	ㄎㄧ¹	ㄅㄧㄚㄍ⁴	ㄍㄛㄍ⁴
細	人	子	企	壁	角

　　做新娘园間角（藏屋角，躲在新房之意），細人子（小孩）企壁角（站在屋子的角落）。意指剛剛迎娶過來的新娘，在喜氣盈庭的日子，大多是在「新娘間」（新房）中休息，外人難得一睹盧山真面目，而有股神秘新奇、美麗喜悅之感；至於小孩子，在迎接賓客的客廳之中，多是在大人旁邊聆聽講話，難有插嘴的份。有認清本身職責，步步為營，安分守己，各安其位，各盡其職，準備蓄勢待發，雖新猶老，雖小猶大之意涵在內。

　　男婚女嫁，是人生中極為重要的大事，一直都深受重視，尤其結婚之日，更是喜氣洋洋。打扮得花枝招展的新娘，更如眾星拱月一樣，成了眾所矚目的焦點。因此，「看新娘」成了舊日社會的口頭禪。在此新婚佳日，許多人都會擠在「新娘間」的四周，準備欣賞新娘的花容月貌，可是，新房早已填滿至親密友，兼且新房窄小，不易

進入，新娘身在其中，寸步不出，一則在旅途跋涉之後，略事休息，一則與娘家至親敘離別之情，兼且招待，雖是「园間角」，也是忙得不可開交，恐怕不會受人冷落而有孤寂之感，而且三朝之內，不主中饋，僅奉上紅包，以向代勞者如姑嫂等致謝之意，也表示對新娘的尊重和禮遇。

有人認為新婚站在屋角是受忽略、輕視而有可憐的感覺，與事實恐怕有所出入，容易遭人誤會。因為，在新婚佳日，女方送嫁至少來了十二人以上的送嫁隊伍，做阿舅（新娘的兄弟）依習俗還要探房（瞭解男方居家狀況），如有建言，還可直言不諱，與當今婦女團體所稱的「保障婦女權益」有異曲同工之妙。

探房固然是愛護姊妹之心，亦是「天頂大雷公，人間母舅公」的深層詮釋。因此，新婚吉日，新娘「企壁角」而受委屈之說，顯係言過其實，亦是「园間角」之誤，那真正「企壁角」的又是誰呢？就是小孩子。

小孩子為什麼會企壁角？這是指在客廳及公共場合而言。因為，「廳下」（客廳）相當於禮堂、辦公室、會客室一樣，是很隆重的地方。其中擺設祖先神明，有莊重嚴肅之感。客人蒞臨，主人多在此地招待，可說是家庭的「外交」場所，一般多是大人在此聚談，並無小孩子插嘴容身之地，除非特別安排，小孩極少在會客時出現，一旦出現，也是必恭必敬的站立兩旁，有接受教訓指導的意味，難怪古時有「趨庭鯉對」之說，連孔子小孩，到了嚴肅的客廳，都要急速通過，一旦被叫住，就只好企壁角了。

做新娘，园間角；細人子，企壁角。就表象言，似是只有安分守己，認請職責之義，實則有為大於微，以靜制動，龍潛於淵、蓄勢待發，見機而行，見習問俗之深意。新娘雖新，瞬成女主；小孩雖小，旋成大人，誠是不可輕忽的人生生力軍，由藏而顯，由企而坐，有無

窮的潛力在焉。

關於「做新娘企壁角」，亦有另外一種說法，以供參考：牽豬哥，兩條索；釣蝦蟆，掩嘴角；耕田人，改田角；殺豬人，繃豬腳；做新娘，园間角；細人子，企壁角。以上都是押——Og韻。

何兆青攝

看對頭　毋看門樓

kon³　　　dui³　　　teu⁵
ㄎㄛㄣ³　　ㄅㄨㄧ³　　ㄊㄝㄨ⁵
看　　對　　頭

m⁵　　　kon³　　mun⁵　　leu⁵
ㄇ⁵　　　ㄎㄛㄣ³　ㄇㄨㄣ⁵　ㄌㄝㄨ⁵
毋　　看　　門　　樓

　　看對頭，毋（不）看門樓。其意指男婚女嫁，事前所宜審慎斟酌的，應以對方人品內涵，是否一個積極上進，豁達樂觀，具真情實愛為考慮對象，而非以外表形式的財富地位為衡量標準。這是一首醒世的婚姻諺語，頗值時下擇偶者參考。

　　所謂對頭，就是對象；門樓，是朱門高樓、富貴之家的代稱。結婚選擇對象，若果不以真情實意，品德氣質做為選擇依據，徒以對象富甲一方，威風八面，財產之豐，嫁妝之盛為取則標準，如此放利而行，趨炎附勢，後必苦果難吞，而有鬱悶銜怨，度日如年之苦。常見夫妻失和，閨房勃谿，多因愛慕虛榮，短視操作，貪圖享受，好逸惡勞，一旦財富匱乏，床頭金盡之日，乃是夫妻語言無味，恩斷義絕之時，此乃只看門樓，不看對頭之故。

　　或許雖未財富匱乏，生活無著，然處此志趣不合，性格迥異，或

恃「財」傲物，輕視對方；或各持己見，視如寇讎，無琴瑟和鳴之意，有勞燕紛飛之心，家中門樓雖大，竟無容身之地；財富雖豐，卻成譏誚之資。多少出身貧寒，強娶富家之女；蓬門碧玉，高攀富貴之門；更有仲介婚姻，買賣新娘，婚姻有如交易，夫妻各蓄異心，而有老翁被騙，人「財」兩失；女入虎口，遍體鱗傷者，終致婚姻不幸，始愛終厭，甚至怒目相向，屍橫床第，血濺閨房者，真是「輕易結婚，苦果難吞」多係只看門樓，不看對頭之蔽。

婚姻大事，如果多看對頭，不看門樓，則驕矜之意袪，敦厚之心生，隨時充滿仁者之意，善者之心，至誠之情，無渝之愛，則竹籬茅舍，雖苦猶甘；啜菽飲水，雖淡猶甜，以愛為始，以愛為終，舉案有齊眉之樂，閨中有畫眉之親，朱門宋弘，不棄糟糠之妻；紅樓寶釧，深愛寒門平貴，終能相愛一生，愛情不渝；苦守寒窯，一十八載，雖無天天見面，卻能日日懷念，此為人品真愛融合為一，沒有海誓山盟，而有金石之情，實為只看對頭，不看門樓的高度發揚。

只看對頭，不看門樓，是幸福婚姻的保證，社會安定的基礎；只看門樓，不看對頭，是逐利趨勢的蔓延，不幸家庭的誘因；心中有對頭而無門樓，則對頭偕而朱門立；心中有門樓而無對頭，只恐朱門雖在而對頭已去矣。

桂竹拿來做簫子　因為風流受氣多

gui³ ㄍㄨㄧ³ 桂	zhug⁴/zug⁴ ㄓㄨㄍ⁴/ㄗㄨㄍ⁴ 竹	na¹ ㄋㄚ¹ 拿	loi⁵ ㄌㄛㄧ⁵ 來	zo³ ㄗㄛ³ 做	siau¹/seu¹ ㄒㄧㄠ¹/ㄙㄝㄨ¹ 簫	er⁵/e² ㄜ⁵/ㄝ² 子

rin¹/in¹ ㄖㄧㄣ¹/ㄧㄣ¹ 因	vui⁷/vi³ ㄪㄨㄧ⁷/ㄪㄧ³ 為	fung¹ ㄈㄨㄥ¹ 風	liu⁵ ㄌㄧㄨ⁵ 流	shiu⁷/su³ ㄕㄧㄨ⁷/ㄙㄨ³ 受	hi³ ㄏㄧ³ 氣	do¹ ㄉㄛ¹ 多

　　桂竹拿來做簫子，因為風流受氣多。這是一首簫子因吹「氣」而成曲，戀人因風流而受「氣」，一語雙關的諺語。意指一根好端端的「桂」竹，把它鋸斷、鑽孔，製成可以吹奏出歌曲的簫子，實因風之流動，受氣之多，才能吹出五音六律、霓裳羽衣般優美的仙樂。如果風不流動，受氣不多，不過是根平凡竹子而已。暗喻風氣一體，氣動成風，風來受氣，郎情妾意，才子佳人，鴛鴦蝴蝶般的戀愛故事，其莫不經歷折磨，嘗盡風霜，坎坷受氣，始成佳偶。

　　臺灣桂竹四季蒼翠，修竹萬竿，匯成竹海波濤，煞是美觀，價值更大，尤其可製成美妙音樂的簫子，在那花朝春日裡，涼秋皓月下，一首動人的簫聲，如夜空雲霞，寒潭碧波，蕩漾而來，嗚嗚悠悠，鳳簫吹斷，流水行雲，能不被陶醉者幾希？只是，一支完好桂竹，刀鋸加身，利鑽入體，忍辱負重，所受痛苦，有誰能知？

何況，只為風之流動，日日受氣，時時受氣，難以申訴。看那風流快速，其樂悠揚；受氣愈多，簫聲愈美；風流宛轉，簫聲駘蕩；聲氣相通，簫聲纏綿，於是，癡情痛苦融為一體，甜蜜委屈合於一身。

　　古來多少風流之士，甘願為心儀者低聲受氣，譜出幸福樂章者：如唐伯虎以一江南才子，紆尊降貴，為了秋香屈居為僕，受盡多少丫鬟奴僕之氣，終有三笑姻緣美豔故事；金童玉女在玉帝前含情脈脈，卻被貶下凡塵，歷經七世折磨，受盡人間之氣，始成夫妻；雲英未嫁，癡情裴航甘願搗藥百日；五娘贈荔，重義陳三甘願為之磨鏡賣身；千載狐仙，成精白蛇，亦是為了愛情降臨人間，受盡屈辱，古者已多，於今為甚。

　　看那九千九百九十九朵玫瑰的浪漫，一千零一封信的殷勤，每日一信的纏綿，隨時來電的悱惻，還有那待月樓閣下，月臺寒風裡，為誰風露立中宵，為誰枯守街燈下，儘管有人幸得如花美眷，更有多少傷痕累累，可真謂是昔日之桂（貴），今日為簫（小），昔日之竹（主），今日之子，時移勢異，欲風之流。豈不受氣？

　　桂竹做簫，吹奏成曲；流風傳韻，全在受「氣」；男女情動，慕悅情殷，嬌嗔使性，受氣更多。只是，簫子風不流，難以奏出動人歌曲；愛情不受氣，難以譜出多姿婚姻，受氣而得佳偶，自樂得淑女以配君子；受氣而未能如意，只好任其風流雲散，正是：桂（貴）竹拿來做簫子，因為風流受「氣」多。

飯好亂食　話莫亂講　花莫亂採　嬌莫亂貪

fan[7]	ho[2]	lon[7]	shid[8]/siid[8]	fa[7]	mog[8]	lon[7]	gong[2]
ㄈㄢ[7]	ㄏㄛ[2]	ㄌㄛㄣ[7]	ㄙㄧㄉ[8]/ㄙㄉ[8]	ㄈㄚ[7]	ㄇㄛㄍ[8]	ㄌㄛㄣ[7]	ㄍㄛㄥ[2]
飯	好	亂	食	話	莫	亂	講

fa[1]	mog[8]	lon[7]	cai[2]	giau[1]/gieu[1]	mog[8]	lon[7]	tam[1]
ㄈㄚ[1]	ㄇㄛㄍ[8]	ㄌㄛㄣ[7]	ㄘㄞ[2]	ㄍㄧㄠ[1]/ㄍㄧㄝㄨ[1]	ㄇㄛㄍ[8]	ㄌㄛㄣ[7]	ㄊㄚㄇ[1]
花	莫	亂	採	嬌	莫	亂	貪

　　飯好亂食，話莫亂講，亂食亂講害自家；花莫亂採，嬌莫亂貪，亂婚亂嫁害一生。意指為人處世，宜熱情理性，可以多吃飯，但切莫口不擇言，以免言多必失；無心之語，傷人害己，後患無窮。婚姻交友，更宜審慎從事，切莫見異思遷，貪人財色；或意氣用事，賭氣成婚，以致午夜夢迴，悔意頻生，則婚姻已定，勢難挽回，日夜煎熬，痛苦一生，是人生哲學的寶鑑，婚姻事業的警鐘。

　　人本應注重養生保健，多吃飯以固本培元，但亦不應暴飲暴食，酗酒無度，以致損耗身體，疾病叢生，而得不償失。飲食無節，固為不當，尚可懸崖勒馬，善自珍攝。若口無擇言，出言不遜，或無心之言，惡語傷人，則其負面影響，嚴重至極，以致一言亡身，一語喪邦；片言而致殺身之禍，片語而致滅門之災者，真是觸處所見，不勝枚舉。蓋因「傷人之言，深於斧戟」，「良言一句三冬暖，惡語傷人

六月寒」之故。或言雖未惡，亦恐遭人嫉恨；無心之語，亦有飛來之殃，更何況是不當之言！賢如孔融，竟因傲誕之言，而身遭大戮；義如禰衡，亦因狂憨之語，而作無謂犧牲。民間多少一句之戲言，身遭羞辱，痛不欲生；一語之輕薄，而致魔鬼纏身，難以贖悔者。果然，言語為文身之飾，亦為伐身之斧，真是飯好亂食，言莫亂講，亂食亂講，貽害自家。

孔聖雖云：「飲食男女，人之大欲」，但亦須發乎情，止乎禮義，期能文質彬彬，以待人處世，方是正途。世間多少輕狂莽撞之士，或少不更事，或老不知羞者，見有如花美眷，含笑倩影，則邪思電轉，歹念萌生，如狂蜂亂蝥，飛蝶亂舞，以致上焉者費九牛二虎之力，始得破財消災，草草收場，而有終身之憾，下焉者則狼狽而回，斯文掃地，甚至刑辱及身。悔無及矣！亦有不知天高地厚，恃其才貌之女，或年少無知，或婚姻受挫，負氣離家，不幸白玉玷汙，身心俱創；或銜怨賭氣，嗔怒成婚，施以報復，終覺所適非人，而後悔不迭。多少曠男怨女，世間怨偶，未謹慎於婚前，又未珍惜於婚後，亂婚亂嫁，藕斷絲連，波濤反復，貽害一生。

飯好亂食，話莫亂講，非可亂食，乃是兩害相權，取其所輕而已。花莫亂採，嬌莫亂貪，俱見婚嫁為人，允宜審慎，不宜意氣草率，誤人誤己。亂食得病，亂語得災；亂婚不幸，亂嫁為殃，亂之所至，一生夢魘，青年男年，可不戒之！

五、民俗

傳說

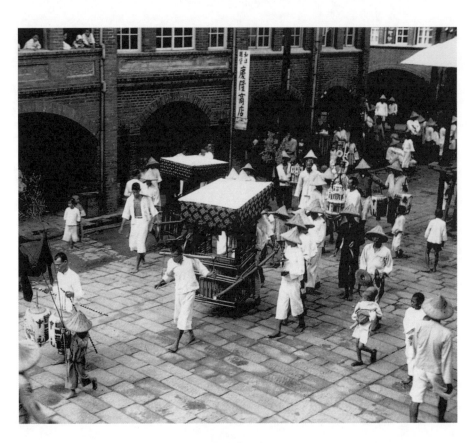

北埔光景

挨礱丕泡　打粄唱歌

ai[1]	lun[5]	pi[1]	po[1]
ㄞ[1]	ㄌㄨㄥ[5]	ㄆㄧ[1]	ㄆㄛ[1]
挨	礱	丕	泡

da[2]	ban[2]	chong[7]/cong[3]	go[1]
ㄅㄚ[2]	ㄅㄢ[2]	ㄔㄛㄥ[7]/ㄘㄛㄥ[3]	ㄍㄛ[1]
打	粄	唱	歌

　　挨（客音ㄞˋ）礱丕泡，打粄唱歌。這是一首充滿喜氣洋洋、人
和年豐的客家勞動歌。意指稻子收割以後，把稻穀碾成精米。把精米
又碾製成各種粄類的勞動過程，昇華成愉悅的美麗境界。雖是極為辛
苦，但卻能化苦為甘，化繁（煩）為樂，不怨天尤人，不唉聲歎氣，
品味傳統鄉土之美，倫理之情，如此父以教子，兄以教弟，漸漸培養
成刻苦耐勞，堅韌強毅的民族性格。

　　挨礱，是指將稻穀碾製成精米的過程，一般稱為碾米，以前稱為
「精米」。矸粄，是指將精米磨成米漿，米漿從「石磨溝」流入乾淨
密不透風的布製袋子，繫好後予以壓乾，再炊製成水粄、菜頭粄、甜
粄（年糕）等各種粄類的經過情形，又稱為「打粄」。從挨礱到打粄
的這一大過程，已經象徵著豐收與年節的來臨，是充滿喜氣的。因
為，在農業社會，是很少會無緣無故打粄的，一旦打粄，其歡愉之情

自是不可言喻，打粄雖是辛苦，但比起挨礱還算輕鬆，所謂「挨礱牽鋸，丈人老喊也毋好去」（碾米和鋸木，是非常辛苦的事，若非不得已，岳父大人吩咐也不要去），可見挨礱工作的吃力。看那挨礱之際，穀殼紛飛，泥灰飛揚，不是打在臉上，就是刺痛眼睛，深感煩擾虐削（不舒服），因此，在打粄時想到挨礱時的種種不愉快經驗，挨粄時就情不自禁的唱起歌來，誰說不是「挨礱丕泡，打粄唱歌」呢？

　　挨礱丕泡，除了是動詞外，客語又稱為「螳螂」是名詞，形容矴粄的動作跟螳螂一樣。矴粄，是用石磨鈎（木製工具，客語稱磨石鈎），鈎住「磨石手」，然後用手一前一後的推動磨石手，帶動石磨的旋轉，同時將米、水一勺一勺的放下，這樣和諧而有節奏的美感，周而復始的運行，真像螳螂一上一下的動作，就稱為螳螂。我們將這機械式的勞動，配合豐富想像力，樂觀積極的精神，文學擬人化的提升，物我合而為一，便烘托成了快樂豐富的過年景象。這一前一後的推著石磨，一上一下的放入米水，一次一次的唱著：「挨礱丕泡，打粄唱歌，打著三斤米粄無幾多，掇（端）凳人客（客人）坐，坐著濃雞糕。……」挨礱丕泡，打粄唱歌，雖辛苦而快樂，雖疲累而甜蜜。如今，隨著機械化的推動，鄉村裏的挨礱之聲，渺不可聞；矴粄之聲，似已遠去，打粄唱歌，卻長存心中。

初一食日齋　初二轉外家

co¹/cu¹	rid⁴/id⁴	shid⁸/siid⁸	ngid⁴	zai¹
ㄘㄛ¹/ㄘㄨ¹	ㄖㄧㄅ⁴/ㄧㄅ⁴	ㄕㄧㄅ⁸/ㄙㄅ⁸	ㄆㄧㄅ⁴	ㄗㄞ¹
初	一	食	日	齋

co¹/cu¹	ngi⁷	zhon²/zon²	ngoi⁷	ga¹
ㄘㄛ¹/ㄘㄨ¹	ㄆㄧ⁷	ㄓㄛㄣ²/ㄗㄛㄣ²	ㄆㄛㄧ⁷	ㄍㄚ¹
初	二	轉	外	家

　　初一食日齋，初二轉外家（回娘家）。意指三十暗晡豐盛的年夜飯後，年初一要吃一天素，以齋戒沐浴，以祭祀神明，另則對飽食的胃腸，提供休息的機會；而年初二正是出嫁女兒回娘家的日子，亦是祭拜神明，拜訪親友的美好時光。有敬天法祖、飲食衛生、飲水思源，人際關係的涵義在內。

　　一年好景，莫若春秋；春秋佳日，莫若過年。所謂「天增歲月，人壽年豐；春滿乾坤，五福臨門」、「新年納餘慶，佳節號長春」，年的意義很大，千百年來，在人們心目中莫不懷著美麗的憧憬，及甜蜜的回憶。尤其是年三十晚上，更把年的氣氛，推向了高峰，直到年初一，這為年、月、日三首的初一，扮演著最為豐富甜蜜的日子，我們卻偏偏在這日裡，吃整天齋，為甚麼呢？

　　其實，道理至為淺顯，而意義深刻。因為，在豐富的年夜飯後，

避免胃腸難以承受突來的負擔，何況，舊時社會，平日縮衣節食，胃腸工作至為輕鬆，一到過年，食物突如山洪瀑發的衝入肚內，一時之間，怎受得起？故吃素一天略以節制，最合乎養生保健之道。其次，在舊年甫去，新年將來之際，莫不充滿許多感謝與期待，因此，初一早晨的拜天公，拜天地神明，感謝大自然，莫不齋戒一天，不吃葷以表誠意。同時，利用這吉日良辰，分赴各地廟宇，頂禮膜拜，以祈福消災，所以說「初一拜人神」，除了拜神之外，更微笑說恭喜，親切待路人，一片溫馨祥和，真是太平景象。

至若年初二，是一年偶數之始，象徵吉祥如意，好事成雙，情侶成對，知音相遇，朋友和合美好時光。早晨全家祭祀祖先之後，便是未婚青年出門初二拜年，互道恭喜，探親長輩，訪問親朋，相約敘舊，共話兒時；或登高望遠，遊賞享樂；或作方城遊戲，無限歡愉，更是參加拜年活動，開同學會的時光，遇見朋友，盡是恭喜之聲，呈現一片「初二人拜人」的盛況。當然，也是出嫁女兒偕著夫婿小孩回娘家的日子。看似單純的回娘家，其實是蘊蓄著深層的文化內涵，貫穿古今的文化美學，代表著兼顧父母雙系血脈傳承的哲學思考。為人必須尋根溯源，方能展望無限而根深葉茂，不作無謂的爭執，而作具體的實踐。這以女為尊的陰柔之美，是世界文化的特色，是兩性互敬的真諦，夫妻相處的圭臬：濃郁溫馨的典範，社會和諧的基礎。

初一食一天齋，初二回娘家、訪親朋，蘊蓄著生活哲學，家庭倫理，社會安詳，兩性和諧之美，更具有敬天法祖，飲水思源，養生保健，合群關係縱橫交錯的多方思考，無怪乎千百年來，農曆年總是展現著「初一拜人神，初二人拜人」、「天人合一」熱鬧溫馨的美麗境界。

年到初三四　各人打主意

ngien⁵	do³	co¹/cu¹	sam¹	si³
ㄇㄧㄢ⁵	ㄉㄛ³	ㄘㄛ¹/ㄘㄨ¹	ㄙㄚㄇ¹	ㄒㄧ³
年	到	初	三	四

gog⁴	ngin⁵	da²	zhu²/zu²	ri³/i³
ㄍㄛㄍ⁴	ㄇㄧㄣ⁵	ㄉㄚ²	ㄓㄨ²/ㄗㄨ²	ㄖㄧ³/ㄧ³
各	人	打	主	意

　　年到初三四，各人打主意（四、意，客語同韻）。意指過年氣氛雖然歡愉，但卻不可流連忘返，沉迷耽溺，盡情享樂亦宜適可而止，要早日籌畫新年度的計畫與希望。所謂「一年之計在於春，一日之計在於晨」、「一年之計在於春，一生之計在於勤」等，如能在年初三四，新正年時，從容優裕之際，當然就立下新春願望與計畫，真是充滿無窮的希望。有理智處世、樂而不淫、前瞻開創的涵義在內。

　　為甚麼到了初三四，就要各人打主意呢？原來，初三四是送窮鬼的日子，既然要送走不受歡迎的窮鬼，當然就要迎接夢寐以求的「財神」，剛好，初四是「上天言好事」的灶君爺，「下界保平安」的大日子，在初四就要準備牲儀以恭迎財神，又叫「等神」、「迎神」，要送窮鬼，又要迎財神，所以說「初三送窮鬼，初四人等神」，心中豈可不略提新春計畫，所謂新春願望、新年新計畫、新理想等，以告

知神明，而有所祈求。因此，雖是只在年初三四，也必須積極有主意才行。

何況，舊時客家農村，生活勤奮刻苦，春耕夏耘之外，尚須遠赴外鄉謀職打工，增添收入，以補衣食之不足，鮮少枯守田園，而遊手好閒者。如入深山集材伐木，貿竹木水果等出售，或燒炭挖煤，或遠赴外地打工經商，少則一年半載，多則數年不等，一旦返鄉過年，雖是愉悅無比，但總是心繫工作，不得安閒，到了初三初四，雖然還可在家享受過年，心中早已成竹在胸，已有豪情壯志蘊蓄五內，準備在新年度裡躍躍欲試，一顯身手。

時至如今，初三四以後，不論公私機關學校，大多開始上班工作，一切恢復正常，和早期先民提出初三四就要打主意的想法，與現代精神不謀而合。因此，年到初三四，各人打主意，是新年新願望的展現，是過年不忘工作的典範，是一年之計在於春、一生之計在於勤，瞻望未來，落實工作的最佳註腳。

年到初五六　無酒又無肉

ngien5	do3	co1/cu1	ng2	liug4
ㄫㄧㄢ5	ㄉㄛ3	ㄘㄛ1/ㄘㄨ1	ㄫ2	ㄌㄧㄨㄍ4
年	到	初	五	六
mo5	ziu2	riu7/iu3	mo5	ngiug4
ㄇㄛ5	ㄐㄧㄨ2	ㄖㄧㄨ7/ㄧㄨ3	ㄇㄛ5	ㄫㄧㄨㄍ4
無	酒	又	無	肉

年到初五六，無酒又無肉。意指到了初五初六，所有專為新年精製或選購的豐盛酒菜、糕餅瓜果等，可能將要享用罄盡，宜適時增購新鮮清淡飲食，作為新工作開始，並恢復一般正常生活。同時，也讓過年期間超量負荷的胃腸得到片刻休息，以免持續暴飲暴食，有礙健康，確是頗合養生保健之道。

過年到了初五，是另一新階段的開始。灶君爺（灶神）也已經從天庭返回人間，正式職司人間賞善罰惡之事，又稱做是「出年界」（或稱出年駕、出年卦）的日子。從年二十五「入年界」到初五「出年界」，這整整十天的新年，顯然已漸漸進入尾聲，十天的大魚大肉，美酒佳肴，其實已構成胃腸極大的負擔，在傳統「少肉多菜」的養生原則引導下，初五初六，正是最宜讓胃腸略事休息的時候。

年到初五六，無酒也無肉，雖是部分實情，也正是過年節制的含

蓄表現,與狂歡的耶誕大異其趣。因此,到了初五六,不論家中是否無酒無肉,心中都要無酒無肉,三餐宜清淡可口,才最合健康養生、長壽保健之道。

年到初五六,無酒又無肉。切不可以辭害意,非無酒肉之謂。正是象徵年節氣氛的即將結束,過年酒肉即將吃完,開始園中摘菜採果,因此,對祭灶神的供品,亦不若過年時之豐盛,準備起來,輕鬆自在,誠意不減。這時,諸神都已返回人間,心願已表,祭祀已畢,心中一片美麗遠景,真正達到了過年的新境界,所以說「初五神落天,初六正係年。」

年到初五六,無酒又無肉。雖似貧窮的自我解嘲,其實是熱鬧新年的綿紗尾聲,對身體胃腸的養生保健,心凝形釋,身心怡然的清新。心中無酒無肉的初五初六,將為春節的暴飲暴食劃下句點,迎向燦然亮麗、康健養生的美麗旅程。

年到初七八　家家挣粥缽

ngien⁵	do³	co¹/cu¹	cid⁴	bad⁴
ㄇㄧㄢ⁵	ㄉㄛ³	ㄘㄛ¹/ㄘㄨ¹	ㄑㄧㄉ⁴	ㄅㄚㄉ⁴
年	到	初	七	八

ga¹	ga¹	lod⁸	zhug⁴/zug⁴	bad⁴
ㄍㄚ¹	ㄍㄚ¹	ㄉㄛㄉ⁸	ㄓㄨㄍ⁴/ㄗㄨㄍ⁴	ㄅㄚㄉ⁴
家	家	挣	粥	缽

　　年到初七八，家家挣（刮也）粥缽（八、缽同音）。意指新年到了初七八，家家戶戶三餐豐盛的佳肴，已「盤」空如洗，齋廚索然，甚至要將裝飯粥的缽鍋內殘留之飯粒以為食用，又恢復了平日簡樸的生活。

　　從年前三十暗晡豐盛的飯甑，到年初七八空空的缽碗，已象徵新年真的一去不返，不惟沒有大魚大肉，就是一般的佳肴，亦恐是簞瓢屢空，碩果僅存者，也許只有在粥缽（裝稀飯的器具）內，還有一些將要凝固的稀飯，可用勺子刮來充饑。粥缽的粥，多是供人食用，亦有供豬食用，粥桶的粥，則全部供給豬隻食用。所謂挣粥缽，就是刮缽裡剩下的粥飯來供人或豬果腹。舊時臺灣生活貧困，煮飯時放許多水，飯雖熟了，上面有多出來的稀粥，便舀起來倒在粥桶（亦稱粥缸）中，配合三餐所剩的殘羹敗餚，累積而成的餿水，再增添煮熟剁

碎的甘薯葉、甘薯梗，攪拌而成的餵豬的食物。但是，到了年初七八，想要刮些粥缽的剩餘食物，倒入粥桶以餵豬隻，都不可得，可見豐盛的年真的是過去了。

年到初七八，豈只無雞又無鴨，只剩下菜餚殘渣，也都全倒入粥桶之中。因為，強留的菜餚，總是不新鮮，歡樂的日子，也總是過得很快，切不可流連忘返，隨時警惕自己，天下沒有不散的筵席，再豐富的年夜飯，也會過去的，再多錢財亦不可用罄，希望有剩（春），再好福氣也不可享盡，可是，總要留些後路。到了初七八，無雞無鴨，卻是普遍、一般的現象。所以又說「年到初七八，無條菜根嚙（嘖）」（嚙八客語同韻），這時，只好採取兩種完全不同的生活方式：一是待在家裡，節衣縮食；一是出門在外，好好享受，因此，又說「初七七不出，初八八不歸」（初七不出門，初八不回家），這又是初七八的另番景象。

如今臺灣經濟發達，物質充裕，平日已是玉食珍饈，享用不盡，絕無匱乏之虞，更無「年到初七八，家家捋粥缽」的深層感觸，甚至久已不聞此語，天天都是如過著豐盛的年一樣，過年的盼望，似乎不若以往的殷切，氣氛亦不如往日濃郁，緬懷先人物力維艱，當亦深思今之守成不易，將今比昔，可不惕厲！

有食無食　尞到年初十

riu¹/iu¹	shid⁸/siid⁸	mo⁵	shid⁸/siid¹
ㄖㄧㄨ¹/ㄧㄨ¹	ㄕㄣ⁸/ㄙㄣ⁸	ㄇㆤ⁵	ㄕㄣ⁸/ㄙㄣ⁸
有	**食**	**無**	**食**

liau⁷	do³	ngien⁵	co¹/cu¹	shib⁸/siib⁸
ㄌㄧㄠ⁷	ㄉㆤ³	ㄇㄧㄢ⁵	ㄘㆤ¹/ㄘㄨ¹	ㄕㄣ/ㄙㄣ⁸
尞	**到**	**年**	**初**	**十**

有食無食，尞（或作嫽、料，休息）到年初十。意指豐盛歡愉的新年，不論是富甲一方的有錢人家，或是無以為炊的貧窮子弟，一旦到了初九還未出門工作，那就乾脆休息到年初十，然後準備慶祝元宵，年才算是真的結束。

從臘月二十四入年界到大年夜，轉而從年初一到年初五出年界，歡欣鼓舞一直到年初十，時間看似漫長，其實快樂時光，匆匆而過，令人流連忘返。因為，在這十天中，所歷經的都是熱鬧滾滾，喜氣洋洋的日子。如除夕夜的溫馨圍爐，燈火輝煌，家家守歲；年初一的一元復始，爆竹聲中，戶戶酬神，從而蔓延到街路廟宇，都是人潮洶湧，萬頭鑽動，而且面帶微笑，互道恭喜，真是人和年豐，太平景象，休息十天，都還嫌短。

初一到初十，真是充滿豐盈喜悅。早期兒童常會口中唸唸有詞的

道出：「初一拜人神，初二人拜人（拜年），初三送窮鬼，初四迎灶神，初五出年界」，看似年就要過去了，但隨即而來的：「初六正係（是）年，初七七不出，初八八不歸，初九拜天公」，又需準備牲儀等以拜人神至尊的玉皇大帝，免不了又要休息一陣，何況又說「初九出屋，九九賺錢歸」（初九出遠門工作，是吉利日子，可以長期工作，而多金歸來），一旦初九佳日未出門，留到年初十，自是順理成章的事了。

如今，已由農業社會的時代，進入繁榮的工商時代，「寮到年初十」的風氣似已杳無蹤跡，但在鄉野間的傳統職業，初十未上班的仍所在多有，果真，「諺」失而求諸野了。

窮人好布施　破廟好燒香

kiung⁵	ngin⁵	ho²	bu³	shi¹/sii¹
ㄎㄧㄨㄥ⁵	ㄇㄧㄣ⁵	ㄏㄛ²	ㄅㄨ³	ㄕㄧ¹/ㄙㄧ¹
窮	人	好	布	施

po³	miau⁷/meu³	ho²	shau¹/seu¹	hiong¹
ㄆㄛ³	ㄇㄧㄠ⁷/ㄇㄝㄨ³	ㄏㄛ²	ㄕㄠ¹/ㄙㄝㄨ¹	ㄏㄧㄛㄥ¹
破	廟	好	燒	香

　　窮人好布施，破廟好燒香。意指窮困之人，捉襟見肘，需財孔急，如獲些許物資，則喜如甘霖，吾人若具惻隱之心，毫不吝惜的布施財物，則將令其終生難忘，價值最高，意義深遠；而破落廟宇，孤獨神佛，人煙稀少，香客寥落，各項建設，亟須加強，前往燒香，最能表達奉獻禮佛誠心，或許有意想不到的收穫。有不宜好此惡彼，嫌貧愛富，眾生平等，行善最易的涵義在內。

　　未窮困過的人，不知窮困的痛苦，不曾接受過布施的人，不知被布施者的心中有多溫暖。心中有仁意善念，花最少的財物，卻可能改變了人的一生；最少的布施，可能有最大的收穫。因為，窮人所求不多，能夠度過眼前的一時之困、燃眉之急，前面可能就是寬廣的大道，亮麗的晴空，布施給真正的窮人，是利己利人的樂事，是成己成人的善事；是簡易的行善方法，是永恆的心靈美學。古者如韓信感激

一飯之賜，功成名就之後，千里迢迢專程回報一飯之恩；近者如年年的冬令救濟，各種民間團體的送愛心到各處的活動，不知在臘月的寒冬裡，午夜的北風中，溫暖多少窮人的內心，締造了多少人間的幸福。

記得幼小時候，家中雖窮，每至秋季酬神演平安戲之際，還有許多比我家更窮困的人，手持碗公挨家挨戶要飯菜或零錢，而祖父親切的裝飯給他的情景；而我們也曾收到通知，去天主堂領取牛奶粉、麵粉回家的愉悅情形，真是窮人好布施，得者最實惠。

為求得心靈寧靜與願望實現，我們常到廟宇去禮佛進香，尤其喜到遠近馳名、顯靈救世的明星寺廟參拜。彷彿一到名山古剎，一切困難迎刃而解，一切願望皆可實現似的。

若果天地真有神明，則其必無所不在，法力無邊，任何廟宇皆可燒香禮佛，敬神拜廟，何必遠求？仁心所至，即是神明；善心所往，即是菩薩；舉頭三尺，神明所導；屋漏一隅，菩薩所蹤。於是，在破落的廟宇裡，塵垢的佛像前，雖是門可羅雀，香客稀少，更須我們的金香，或許，神明會為仁心所感，特別眷顧，解決疑難，亦未可知。何況，以貌取「廟」，「廟宇」歧視，神明有知，豈不抗議？

十多年前，曾遠赴嘉義北港進香，匆匆而去，匆匆而回，小兒炎倫大失所望：「迢迢千里南來，只是為了燒一支香？我們家附近的土地公廟，不就可以燒香了嗎？」真是天機妙語，觸動心弦。從此敬神拜廟，由近而遠，全在誠心，確是敬神不必遠，破廟好燒香。

窮人好布施，破廟好燒香，是行善不分對象，為善不分階級。仁心善念，存乎腦際；敬神之誠，蘊蓄胸中。善心所在，時時皆可布施；心中有佛，處處皆可燒香。如能化為行動，痌瘝在抱，眾生平等，常救濟窮人，常參拜破廟，乃為「窮人好布施，破廟好燒香」的真諦。

燈籠恁靚愛點燈　阿妹恁靚愛笑容

den¹	nung⁵	an²	ziang¹	oi³	diam²	den¹
ㄉㄝㄣ¹	ㄋㄨㄥ⁵	ㄢ²	ㄐㄧㄤ¹	ㄛㄧ³	ㄉㄧㄚㄇ²	ㄉㄝㄣ¹
燈	籠	恁	靚	愛	點	燈

a¹	moi³	an²	ziang¹	oi³	siau³/seu³	riung⁵/iung⁵
ㄚ¹	ㄇㄛㄧ³	ㄢ²	ㄐㄧㄤ¹	ㄛㄧ³	ㄒㄧㄠ³/ㄙㄝㄨ³	ㄖㄧㄨㄥ⁵/ㄧㄨㄥ⁵
阿	妹	恁	靚	愛	笑	容

　　燈籠恁靚（很漂亮。靚，客音ㄐㄧㄤˋ）愛點燈，阿妹恁靚愛笑容。這是一句由民俗節日元宵節所引申的客諺。意指大紅燈籠，非常漂亮，如果點上紅燈，更是耀眼迷人；漂亮小姐，婀娜多姿，如果再添上美麗笑容，更如春暖花開，令人心曠神怡。實是拓寬視界、心胸開朗，有避免美中不足，白璧有瑕的意涵在內。

　　元宵節前後，到處有花燈製作比賽、展覽、遊行，燈節晚會，猜燈謎等活動，因此又叫燈節。燈節到處有燈籠，白天在陽光照耀之下，固然金碧輝煌，巧奪天工，到了晚上，四周漆黑，就無法欣賞花燈的明豔可愛，一旦燈籠點上明燈，就格外耀眼奪目，引人注意，而有畫龍點睛的驚人效果，烘托出元宵佳節歡欣鼓舞而溫馨感人的氣氛，不禁令人欣然色喜。且燈與丁，客諧同音，添燈就是添丁，有歲月推移，與時俱進，人丁旺盛、生機蓬勃的景象，其他如中元節慶、

廟會拜拜、婚姻好合、百歲壽宴等，莫不張燈結綵，點上明燈，而有喜氣洋洋的甜美，真是明燈一點，氣象萬千。

　　至如人之相處，最喜可愛笑容，醜男一笑，都感春風解凍，樂於親近，更何況是靚粧鮮潔，和藹可親的美麗少女，秋波流轉，嫣然一笑，猶如風吹柳花，滿面花香；桃李春風，盪漾十里。此所以貂嬋一笑，英雄低首；秋香三笑，才士動心。而褒姒不笑，幽王深自引為憾恨；則天蹙額，肅殺之氣瀰漫宮廷，可見笑之為用大矣哉！然則，笑容實宜出自真誠，源自肺腑，是人與人間的橋樑，快樂的象徵；養生的根本，長壽的秘訣，所謂「一怒一老、一笑一少」、「每天三大笑，煩惱全都消」。雖是挫折，也要樂觀奮鬥；雖是困難，也要笑臉待人，不要遷怒諉過，則海闊天空，悠遊自在。白居易說：「隨富隨貧且隨喜，不開口笑是癡人。」我們怎能不開口笑笑呢？

　　玲瓏精緻的燈籠，因點燈而神韻獨舉；蘭心蕙質的少女，因微笑而溫馨可人。世間奇才異能之士，固是多如過江之鯽，然則亦多忿忿不平，徒呼負負，憤世嫉俗而感懷才不遇者，實在是美中不足，具體而微。如能心中一點開朗明燈，面上綻放蓮花一朵，豈不香遠益清，雲霧盡散？滾滾紅塵的芸芸眾生，在面對明燈靚女，欣賞之餘，當自可以遠觀，而不可褻玩；可以微笑，而不可以拈花。

劉芳玲攝

彭祖食八百　毋識看人石牯熰火炙

彭祖走西洲　還係石棺材肚性命休

pang⁵	zu²	shid⁸/siid⁸	bad⁴	bag⁴
ㄆㄤ⁵	ㄗㄨ²	ㄕㄧㄉ⁸/ㄙㄉ⁸	ㄅㄚㄉ⁴	ㄅㄚㄍ⁴
彭	祖	食	八	百

m⁵	shid⁴/siid⁴	kon³	ngin⁵	shag⁸/sag⁸	gu²	eu³	fo²	zhag⁴/zag⁴
ㄇ⁵	ㄕㄧㄉ⁴/ㄙㄉ⁴	ㄎㄛㄣ³	ㄐㄧㄣ⁵	ㄕㄚㄍ⁸/ㄙㄚㄍ⁸	ㄍㄨ²	ㄝㄨ³	ㄈㄛ²	ㄓㄚㄍ⁴/ㄗㄚㄍ⁴
毋	識	看	人	石	牯	熰	火	炙

pang⁵	zu²	zeu²	si¹	zhiu¹/zu¹
ㄆㄤ⁵	ㄗㄨ²	ㄗㄝㄨ²	ㄒㄧ¹	ㄓㄧㄨ¹/ㄗㄨ¹
彭	祖	走	西	洲

han⁵	he³	shag⁸/sag⁸	gon¹	coi⁵	du²	sin³	miang⁷	hiu¹
ㄏㄢ⁵	ㄏㄝ³	ㄕㄚㄍ⁸/ㄙㄚㄍ⁸	ㄍㄛㄣ¹	ㄘㄛㄧ⁵	ㄉㄨ²	ㄒㄧㄣ³	ㄇㄧㄤ⁷	ㄏㄧㄨ¹
還	係	石	棺	材	肚	性	命	休

　　彭祖食八百，毋識（不曾）看人石牯（石頭）熰火炙（用火燒烤）；彭祖走西洲，還係（是）石棺材肚（裡）性命休（百、炙，客音同韻；洲、休，客音有介音ㄧ，同韻）。這是一首源自民俗傳說的諺語。意指已登喬嶽嵩壽卻害怕死亡的老人彭祖，雖然見多識廣，也從來不曾看見有人用石頭來燒火，沒想到，這些熊熊的烈火，卻係針

對自己而來，嚇得他落荒而逃；從東土逃到西洲，以為可逃過死亡劫難，孰料，愈怕死，死亡卻如影隨形而來，還是在劫難逃，葬身在石棺材之中，無法逃出如來掌心。有人心不足，巴蛇吞象，所獲已多，仍不知足，貪得無厭，欲深谿壑，如猿捉影，徒勞無功的涵義在內。

彭祖活了八百八十歲，隨著年齡的增長，隨時可能突然而來的死亡，愈想愈怕，於是隨時焚香拜廟，祈求上蒼，天錫（賜）遐齡，祈求之不足，又準備隨時逃避死亡。

一日，來到了鄉下人家，看見一個年輕人正在用石頭生火。「石頭，怎麼可以取火？」他百思不得其解，便詢問年輕人。年輕人說：「噢！石頭生火。是因為我聽說有個彭祖，活了八百多歲，還不知足而貪生怕死，到處焚香求壽，我正在找他，不管他是否變成石頭，我也要把他化為灰燼！」一席話驚得彭祖冷汗直流，拔腿就跑，一跑，就跑到黃沙滾滾，到處石山的西洲。

經過一家棺材店，竟然是用石頭製成的。他好奇的詢問店主，棺材為何要用石頭所製？店主毫不隱瞞的回答：「聽說有個彭祖，非常怕死，我正到處找他，只要一找到，就要用石棺把他封裝起來，看他插翅也難飛。」彭祖一聽，真是嚇呆了！自己雖是活得長久，卻總是東躲西藏，為的就是逃避死亡，沒想到，來到西洲，還是難逃一死，一時之間，竟然無辭以對，不知如何是好，真是萬般都是命，半點不由人。

活了八百，還貪得無厭，恬不知足，比起那些朝生暮死，春生秋死的萬物而言，真不可以道理計，而自己竟不知惜福，引起人們的嫉妒與不平，一想到這，真是慚愧不已，便癱瘓在地，而與世長辭。真是，逃得了東土，卻逃不了西洲，逃得了石頭，卻逃不了石棺，最後，還是在石棺材中性命休。

漢武為君想變仙　石崇豪富歎無錢
嫦娥照鏡嫌貌醜　彭祖焚香祝壽年

hon^{3}	vu^{2}	vui^{5}/vi^{5}	giun^{1}	siong^{2}	bien^{3}	sien^{1}
ㄏㄛㄣ^{3}	ㄪㄨ^{2}	ㄪㄨㄧ^{5}/ㄪㄧ^{5}	ㄍㄧㄨㄣ^{1}	ㄒㄧㄛㄥ^{2}	ㄅㄧㄢ^{3}	ㄒㄧㄢ^{1}
漢	武	為	君	想	變	仙

shag^{8}/sag^{8}	ciung^{5}	ho^{5}	fu^{3}	tan^{3}	mo^{5}	cien^{5}
ㄕㄚㄍ^{8}/ㄙㄚㄍ^{8}	ㄑㄧㄨㄥ^{5}	ㄏㄛ^{5}	ㄈㄨ^{3}	ㄊㄢ^{3}	ㄇㄛ^{5}	ㄑㄧㄢ^{5}
石	崇	豪	富	歎	無	錢

shong^{5}/song^{5}	ngo^{5}	zhau^{3}/zeu^{3}	giang^{3}	hiam^{5}	mau^{7}	chiu^{2}/cu^{2}
ㄕㄛㄥ^{5}/ㄙㄛㄥ^{5}	ㄫㄛ^{5}	ㄓㄠ^{3}/ㄗㄝㄨ^{3}	ㄍㄧㄤ^{3}	ㄏㄧㄚㄇ^{5}	ㄇㄠ^{7}	ㄔㄧㄨ^{2}/ㄘㄨ^{2}
嫦	娥	照	鏡	嫌	貌	醜

pang^{5}	zu^{2}	fun^{5}	hiong^{1}	zhug^{4}/zug^{4}	shiu^{7}/su^{3}	ngien^{5}
ㄆㄤ^{5}	ㄗㄨ^{2}	ㄈㄨㄣ^{5}	ㄏㄧㄛㄥ^{1}	ㄓㄨㄍ^{4}/ㄗㄨㄍ^{4}	ㄕㄧㄨ^{7}/ㄙㄨ^{3}	ㄫㄧㄢ^{5}
彭	祖	焚	香	祝	壽	年

漢武為君想變仙，石崇豪富歎無錢；嫦娥照鏡嫌貌醜，彭祖焚香祝壽年。意指位尊九五的漢武皇帝，已是一國之君，猶然有所不足，日夜想要長生不老，登為神仙，以期萬壽無疆；全國最大的富豪高官、富可敵國的石崇，在笙歌妙舞之際，也在歎氣金錢不夠又盡情揮霍，不能深體「儉約千年貴，金銀一代榮」的真諦；回眸流盼，巧笑

倩兮的中國古典美女嫦娥，在攬鏡自照之餘，猶顰首蹙額地嫌容貌醜陋；活至八百多歲的長壽老翁彭祖，也還嫌自己壽命太短，不斷焚香祈求添福添壽。類此四者，真是人心不足，巴蛇吞象；欲深谿壑，貪得無厭；擁有再多，也嫌不足。

懷孕十四個月才降生的漢武帝，登基九五之後，國威遠播，天下太平，一統江山，自是得意非凡。若能長享富貴權勢，豈非人間美事。於是，乃好神仙之道，常祈禱於名山大川，封泰山、禪梁父、祠后土、信方士，盼能見到王母娘娘，以成神仙。孰料，神仙未成，卻引起巫蠱之禍，太子族誅，家庭變故，雖權傾天下，竟落寞以終。

晉朝石崇，不只位高權重，且為古往今來少見富翁，是一理財專家。只是，生活驕奢淫佚，常有財富不足之歎。其與貴戚羊琇、王愷等爭寵鬥富：如經常花間美酒、通宵達旦；廁旁常有十餘侍婢，麗服靚妝，隨侍在側，使得貴賓都羞報不能如廁；曾將光彩奪目、高三、四尺的珊瑚樹，向人誇耀；又以五十里長的錦繡布幃，展示傲人，終日輕歌豔舞，驕奢無度，未料為貴戚所忌，身死東市，全家誅滅，雖是豪富，未能善自惜福，富貴也成泡影。

最為人所稱羨的中國古典美女嫦娥，綺年玉貌，卻思緒無邊，難耐世間夫妻的平凡生活，一心想要青春永駐，飛奔月宮，在偷了老公的不死之藥後，果真飄然遠舉，成為美麗的月宮仙女。每日在廣寒宮裏攬鏡自照，卻悵然若失，怎麼容貌卻變醜陋？因而自怨自艾，又感形單影隻，孤獨寂寞，所謂「白兔擣藥秋復春，姮娥孤棲與誰鄰？」如何排遣我的孤寂呢？倒是不如歸去，於是，「嫦娥應悔偷靈藥，碧海青天夜夜心」，夜夜鄉心，都在思念塵寰處的親人，如此思鄉情切，憂思愁悶，突然瞥見鏡子，啊！自己怎麼會變成醜陋的蟾蜍？這叫我以後如何做人？

彭祖真是長壽的代表，仙人的象徵，活了七百六十七歲，仍不衰

老，又過了一百多年，共有四十九個妻子，三十四個兒子，漸漸顯得孤獨，因而寂寞感傷，於是，處處焚香祈求長壽，能夠萬世長春，人們羨慕不已，最後竟不知所終。

漢武為君，求仙之願也難順遂，石崇豪富，一生目標唯錢是視竟自身死家滅；嫦娥照鏡嫌醜，不幸竟化為蟾蜍；彭祖已是長壽榜首，卻仍處處焚香求壽。全在諷勸世人，不可貴遠賤近，向聲背實，珍惜自身已經擁有者，切莫幻想那不可測、不可知的未來，一旦欲深谿壑，不惟夢想者成為泡影，已擁有者亦為之摧毀消失，甚至殃及無辜，得不償失，其負面影響最是難以估計！

果真人心不足，欲海無邊，一旦貪嗔難耐，波起濤生，則葬身魚腹，欲益反損，古往今來，不在欲海中滅頂者幾希！

天穿毋寮做到死　天穿毋寮苦到死

tien¹	chon¹/con¹	m⁵	liau⁷	zo³	do³	si²
ㄊㄧㄢ¹	ㄔㄜㄣ¹/ㄎㄜㄣ¹	ㄇ⁵	ㄌㄧㄠ⁷	ㄗㄜ³	ㄉㄜ³	ㄒㄧ²
天	穿	毋	寮	做	到	死

tian¹	chon¹/con¹	m⁵	liau⁷	ku²	do³	si²
ㄊㄧㄢ¹	ㄔㄜㄣ¹/ㄎㄜㄣ¹	ㄇ⁵	ㄌㄧㄠ⁷	ㄎㄨ²	ㄉㄜ³	ㄒㄧ²
天	穿	毋	寮	苦	到	死

天穿毋（不）寮（或作料，休息也）做到死，天穿毋寮苦到死。
意指在紀念女媧煉石補天的天穿佳日，如果仍然工作，不好好休息一
天，以感念其豐功偉績，體驗愛護大自然的真諦，必會白白忙碌一輩
子，也會貧窮困苦度一生。具有感念先人遺澤，傳承民族美學，重視
自然環保，敬天法祖愛民的涵義在內。只是，時至今日，則宜取其精
神，不泥枝葉，師其意不襲其辭，切莫以辭害意。

　　天穿，這古老的節日，在農曆正月二十，相傳是為了紀念女媧煉
石補天，而流傳下來，許多客家人至今仍然歡度的節慶日子。據傳，
女媧是古代的神聖美女，女皇帝，是伏羲氏的妹妹，人首蛇身，一日
之內有七十多變，定嫁娶之禮，為人民遵行。適逢當時共工氏與顓頊
氏爭為天子失敗，遷怒而觸不周之山，天柱折、地維絕，天空破一大
洞，不明物體紛紛墜下，大地深陷而漏水不止，淹死生民無數。女媧

關愛百姓，旋即煉五色石以補蒼天，積塵灰以防洪水，終使青天弭平，大地平靜，拯民陷溺，解民倒懸，人民感激無已，遂在天「穿」之日，紛紛停止工作；準備祭品，頂禮膜拜，感謝女媧娘娘的救命之恩、保家之德，年年祭拜，漸漸形成所謂的天穿日。

為什麼說天穿日工作，不休息就會做到死呢？其實，這是宣示、象徵意義而已，也合乎科學，極具環保觀念的。因為青天初平，大地初定，歷經大災難後的療傷止痛，極度工作後的休養生息，好比地板剛剛粉刷完畢，水泥未乾，不可踐踏，傷口初癒，不可碰觸一樣。所以天穿之日，男不耕田女不織，唯恐鋤頭一動，地又破裂；針線一縫，天又為穿，豈不前功盡棄，重遭禍災？這就是讓土地喘一口氣，愛護自然，農民順便休息一日的原因，是合情合理的。如果不顧一切，繼續工作，未做好維護工作，災禍頻生，不是會苦到死，窮到死嗎？難怪又說：「有做無做，寮到天穿過；有賺無賺，總愛寮天穿」；天穿日，正是大家歡然聚合休息的日子。

每年天穿，家母總會煎些甜粄（年糕）祭天穿，拜天公、女媧娘娘等。要把甜粄放平，不可捲起，以協助補天。古人說：「只有人間閒婦女，一枚煎餅補天穿」，這淳厚古風，實為敬天法祖的崇高表現。不上山工作，不下田插秧，不拿針線，好好休息，真是道地的「農民節」與「婦女節」。大家心情愉悅，扶老攜幼前往竹東聆賞一年一度的山歌大賽，在嘹亮的歌聲裏，似乎隱隱呈現了千百年來先民樂觀奮鬥、愛護自然，重視環保，和諧融洽，傳承著民族美學的芬芳。

有食無食　尞到年初十　有賺無賺　總愛尞天穿

riu¹/iu¹	shid⁸/siid⁸	mo⁵	shid⁸/siid⁸
ㄖㄧㄨ¹/ㄧㄨ¹	ㄕㄧㄉ⁸/ㄙㄧㄉ⁸	ㄇㄛ⁵	ㄕㄧㄉ⁸/ㄙㄧㄉ⁸
有	食	無	食

liau⁷	do³	ngian⁵	co¹	shib⁸/siib⁸
ㄌㄧㄠ⁷	ㄉㄛ³	ㄇㄧㄢ⁵	ㄘㄛ¹	ㄕㄧㄅ⁸/ㄙㄧㄅ⁸
聊	到	年	初	十

riu¹/iu¹	con⁷	mo⁵	con⁷
ㄖㄧㄨ¹/ㄧㄨ¹	ㄘㄛㄣ⁷	ㄇㄛ⁵	ㄘㄛㄣ⁷
有	賺	無	賺

zung²	oi³	liau⁷	tian¹	chon¹/con¹
ㄗㄨㄥ²	ㄛㄧ³	ㄌㄧㄠ⁷	ㄊㄧㄢ¹	ㄔㄛㄣ¹/ㄘㄛㄣ¹
總	愛	聊	天	穿

　　以前客家人過年，不論士農工商，大多要休息到年初十，才真正開始工作，至於元宵節後的正月二十天穿日，則不論有賺錢沒賺錢，男女老幼總要瀟灑的放假一天。

　　在臺灣，天穿日休息，是客家人特有的節日，據說是為了紀念女媧煉石補天而流傳下來的。女媧，是上古時女帝，也是伏羲氏的妹

妹，制定嫁娶之禮，人民奉行不輟。她，蛇首人身，能七十三變，因她善變，也有人說他是男的。當時，共工氏觸不周之山，使天柱折斷而天破了洞，大地深陷而漏水不止，幸好女媧適時煉製五色石以補天，折鰲足作天柱；殺黑龍以濟冀州，積塵灰以防淫水，於是，大地平坦，天不再倒，世界恢復舊觀，人民感激不已，頂禮膜拜，在每年天「穿」之日，必備供品祭天以祈圓滿，一直流傳到今天，客家人雖長年遷徙，對為祖先留下的這項習俗，仍然無時或忘，至今尚存。

女媧娘娘，又稱九天玄女，今日客家地區的廟宇，很少沒有供奉女媧氏的，也有許多以之為主神的，例如宜蘭補天宮等就是，可惜有些女媧廟已難聽得見客語，這是因為閩多客少。客家人漸被融合，而使客語日漸流失之故，這種情形，就像連續劇一樣，正在持續蔓延之中，客家人如不自覺，恐怕就要成為末代客家人了。

天穿日，怎麼寮呢？在天穿日的早晨，家家戶戶都準備甜粄（年糕）等供品，擺桌祭拜。甜粄，要保持粄狀，以期能協助補天。祭祀完畢後，就休息一天或作娛樂活動。這天，男不耕田，是害怕鋤地使大地漏水；女不織布，是耽憂穿針引線，戳破天空，一旦如此，再辛勤工作，也是惘然！俗諺說：「天穿毋寮做到死！」「天穿毋寮苦到死！」既然如此，何不放下工作，好好休息一天呢？

這種以甜粄拜女媧並幫助其補天的風俗，是客家人的女性崇拜，尊重女性能力的表現及男女平等的思想，實是古意盎然又歷久彌新，可見客家人的虔誠憨厚，以及傳承文化的堅持。

天穿日這天，許多地方也有山歌比賽活動，尤其是新竹竹東，天穿日的山歌比賽，據說已辦二、三十年了，每年參加的歌手都來自全省各地，最小的只有四歲，高齡者還有九十多歲的。每年的天穿日，何妨到竹東去欣賞客家山歌呢？「一年容易又天穿，做人做事心愛專……」

「有食無食，尞到年初十；有賺無賺，總愛聊天穿。」可惜，現在年初十早已上班。而天穿日也非國定假日，我們只能說：「有做沒有做，快樂過週末；有閒沒有閒，總愛星期天」了！

四五六月郭郭郭　聽到心頭無落著

si³	ng²	liug⁴	ngied⁸	guog⁸	guog⁸	guog⁸
ㄒ丨³	π²	ㄌ丨ㄛㄍ⁴	π丨ㄝㄉ⁸	ㄍㄨㄛㄍ⁸	ㄍㄨㄛㄍ⁸	ㄍㄨㄛㄍ⁸
四	五	六	月	郭	郭	郭

tang²	do³	sim¹	teu⁵	mo⁵	log⁸	chog⁸/cog⁸
ㄊㄤ²	ㄉㄛ³	ㄒ丨ㄇ¹	ㄊㄝㄨ⁵	ㄇㄛ⁵	ㄌㄛㄍ⁸	彳ㄛㄍ⁸/ㄘㄛㄍ⁸
聽	到	心	頭	無	落	著

　　四五六月郭郭郭，聽到心頭無落著。意即在四五六月間，不論在小鎮村莊，或鄉野郊外，都可聽到連綿不斷、哀怨淒涼「郭郭郭郭、郭郭郭郭」纏綿不停的叫聲，從早晨到傍晚，從暗夜到天明，如此孤單哀鳴、婉轉嚎叫，聽在心裏，真是萬般滋味，湧上心頭，而不知如何是好。是指行為過失，造成家庭失和的後果？是莽撞行為，又造成玉石俱焚的不幸？千錯萬錯，都難以挽救，真是治絲益棼？

　　農曆四五六月之間，幾番新雨之後，樹木蔥蘢蒼翠，令人欣然色喜。只是，在不意之間，一陣郭郭郭郭的鳴叫，劃破了優美恬靜的山林田野，思緒馬上墜入了歷史的長河，那情緒的波濤滾滾，洶湧翻騰地撞擊著心扉，難以平復的起伏不斷。往日的夫妻之愛，婆媳之情，愛怨交織，千絲萬縷，糾結錯雜，如今已是天倫夢碎，覆水難收，不叫心苦，叫又心煩，真是血淚已斑斑，妾身千萬難！

那是淒美古老的傳說。有一平凡女子，丈夫遠適他鄉，留下婆婆一人與之共處。丈夫經常寄回肉乾食物，照顧妻子生活及孝敬母親。只是，媳婦並未全部轉達美意，而易之以水蛭佐食，年邁老母牙崩齒壞，如何嚼爛堅韌水蛭，又不忍拒絕孝心，狐疑未決，勉力品嚐，便留下部分以待兒子返鄉，詢問到底是什麼山珍海味，怎麼從來沒有吃過呢？兒子回來，獲知上情，一怒之下，便將妻子的頭砍斷，掉入裝滿水蛭的水缸。三日之後，蓋子打開，竟然飛出一隻鳥，回眸一轉，口中傳來郭郭郭郭，悠揚而急促的叫聲，仔細聽聽，卻像是「姑惡」、「姑惡」、「姑惡」的急叫，是否奉勸世間媳婦，不要對翁姑那樣兇惡嗎？再細細深思，又像是不斷地叫著「夫惡」、「夫惡」、「夫惡」，丈夫啊！百年修來同船渡，千年修來共枕眠：一夜夫妻百世恩，一刀卻斷萬世情，因何如此狠心無情無義的砍了我的頭呢？仔細體會，又像不斷的自責著：「補鑊（鍋）」、「補鑊（鍋）」、「補鑊（鍋）」，如此哀嚎鳴叫，以前是非恩怨，就如已破的鍋子，我要虔誠彌補，可惜，如今已恩斷義絕，往事成空，叫我如何彌補離恨天呢？彷彿夏日一道陰冷寒風，千年難解的幽怨。

　　四五六月，郭郭叫聲，隨著南風馳蕩，不絕於耳。真像兩岸猿聲，啼叫不住，杜鵑啼血，染紅詩篇。是真誠的懺悔？是無言的控訴？是夫妻之間的暮鼓？是婆媳之間的晨鐘？能否打開我緊閉的心扉；顫抖的魂靈？郭郭之聲，長盪碧空，行人為之駐足，怨婦起而徬徨，多謝後世之人：何不以愛為始，以愛為終；設身處地，而善體包容，人皆有錯，白璧有瑕，否則一意孤行，或莽撞衝動，鑄成憾事，則玉石俱焚，平添哀怨！

　　忍令郭郭叫聲，千古不絕！

　　郭郭，擬音，guog⁴　guog⁴姑惡鳥鳴叫之聲，姑惡鳥又名夫惡、白腹秧雞、苦惡、白胸秧雞等名。

上晝南風下晝北　四副牲儀吾愛得

shong⁷/song³	zhiu³/zu³	nam⁵	fung¹	ha¹	zhiu³/zu³	bed⁴
ㄕㄛㄥ⁷/ㄙㄛㄥ³	ㄓㄧㄨ³/ㄗㄨ³	ㄋㄚㄇ⁵	ㄈㄨㄥ¹	ㄏㄚ¹	ㄓㄧㄨ³/ㄗㄨ³	ㄅㄝㄉ⁴
上	晝	南	風	下	晝	北

si³	fu³	sen¹	ngi⁵	ngai⁵	oi³	ded⁴
ㄒㄧ³	ㄈㄨ³	ㄙㄝㄣ¹	ㆢㄧ⁵	ㆣㄞ⁵	ㆦㄧ³	ㄅㄝㄉ⁴
四	副	牲	儀	吾	愛	得

　　上晝（上午）南風下晝（下午）北，四副牲儀（祭品）吾愛得。這是一首期盼魚與熊掌，二者得兼，盡取其利而兩全其美的諺語。意指對別人的祈求，我將全力完成；對別人所送之禮，亦如數照單全收，看似利人利己，實則兩不相欠。

　　土地公（亦稱伯公），是民間信仰最為普遍，最為親密的神祇，到了初一、十五或初二、十六，莫不循例準備牲儀（雞鴨等祭品）前往拜拜，平時亦朝夕各燒一支香，以示虔誠。由於土地公熱心助人，樂於為人排難解紛。有許多人前來祈求，傳說有四個人分別前往上香祈福；第一個是欲乘舟北上者，為了旅途順利，便請求在出發以後，一路吹起南風，使其一帆風順，平安順利到達，南風所至，遍地皆春，豈非人生樂事？

　　第二位前來懇求者，卻剛好相反，準備買舟南下，為了一路通行

無阻，便請求沿途能颳北風，助其一臂之力，且北風所至，清涼無比，如能早日到達，真是感激無已，三生有幸。

第三位來祈求的，是一位漁民，希望土地公能夠庇佑，讓天氣放晴，以使一大堆的小魚能早日曬乾，千萬不要三日風兩日雨，影響魚乾曝曬，腥氣鬱積而四溢。第四位來祈求者是一位農民，他的願望和漁民剛好相反，期望土地公能施展法力，普降甘霖，潤澤萬物，霖雨蒼生，使剛種下的各種農作物，都能普受滋潤而蓬勃生長，欣欣向榮，果能如此，真是銘感五內。

這四位祈求信士，都準備了豐盛祭品。面對佳餚，土地公自是非常感動。只是，四人所求偏偏南轅北轍，方枘圓鑿，完全相反，大異其趣。使得善良土地公，不論是颳南風或北風，下大雨或放晴，都無法同時滿足四人需求，而感左右為難，順了姑情拂嫂意，真是神明也會千萬難！正在猶豫不決，難以裁斷之際，土地婆見獵心喜，言道：「這又有何難？我們不妨『夜裏落水日裏晴，魚脯（魚乾）曬燥麥（禾）又生；上晝南風下晝北，四副牲儀吾愛得。』」（夜間下雨，白晝放晴；上午颳南風，下午吹北風。四人所求，各從其願；四副牲儀，我都要得）。

自古山歌從口出　那有山歌船載來

cii⁷	gu²	san¹	go¹	ciung¹	kieu²	chud⁴/cud⁴
ㄘ⁷	ㄍㄨ²	ㄙㄢ¹	ㄍㄛ¹	ㄑㄩㄥ¹	ㄎㄜㄨ²	ㄔㄨㄉ⁴/ㄘㄨㄉ⁴
自	古	山	歌	從	口	出

nai⁷	riu¹/iu¹	san¹	go¹	shon⁵/Son⁵	zai³	loi⁵
ㄋㄞ⁷	ㄖㄧㄨ¹/ㄧㄨ¹	ㄙㄢ¹	ㄍㄛ¹	ㄕㄛㄣ⁵/ㄙㄛㄣ⁵	ㄗㄞ³	ㄌㄛㄧ⁵
那	有	山	歌	船	載	來

　　歷史上的劉三妹，因山歌而聞名。清朝屈大均廣東新語一書中曾提到三妹，是善唱山歌之人，生於唐中宗年間，淹通經史、歌喉優美，千里慕名來者絡繹於途，其通曉粵傜等地語言，曾與白鶴鄉少年登山唱歌，男女數百，都以為仙，七日夜歌聲不絕，仙樂繚繞，美不勝收，不意其後雙雙俱化為石。

　　於是，關於三妹傳說就如漣漪一樣，蕩漾開來。有人說他們連唱七天七夜，然後連袂乘鶴飛走；乾隆陽春縣志說她入山修道，成仙而去；也有人說她與朗寧白鶴書生張偉，望歌而善，締結仙緣；最有名的應是她以美妙的山歌，技壓群雄，冠絕當時。

　　話說廣東梅縣松口一帶，有位山歌優美的劉三妹，許多文人才子前來尋她對唱山歌，結果都鎩羽而歸。

　　一天，三妹正在河邊洗衫，忽然一雙木船靠岸而來，三妹不悅，

就對撐船的唱了一首山歌：「兩隻大船一字排，霸佔碼頭理毋（不）該；阿叔莫誤俚（吾）洗衫，請把船頭傲（移）呀開。」船上有一秀才，正是來比唱山歌的，立即回應一首：「阿妹喊俚船傲開，山歌唱出道理來；船到碼頭該靠岸，時到春天花愛（要）開。」秀才山歌語多輕薄，三妹也不甘示弱反擊：「相公講話十分差，強龍不壓地頭蛇，手搖白扇斯文樣，像隻毛蟹橫橫擎。」蛇，客語唸ㄕㄚ，擎，唸ㄎㄧㄚ，都屬同一韻母押韻」。秀才聽了，自知失禮，便向三妹道歉，把船移開。三妹天性善良，不以為意，就問秀才到此何事，秀才見機不可失，便說要來此找尋三妹比唱山歌，因此高歌一曲，表明來意：「阿妹問俚係（是）麼人，俚係出名山歌精；雇船前來尋三妹，山歌一定駁（比）贏人。」三妹見他手搖扇子，得意洋洋，來意似不友善，心中暗自思量，誓不透露自己就是三妹，就回他一段說不是三妹對手，接著唱道：「敢尋三妹來對歌，問你山歌有幾多；一條唱出一條駁，驚怕歌精敗陣逃。」秀才意在找三妹比歌，根本不在意對面的洗衣姑娘，於是大言不慚地高唱：「俚介（的）山歌真係多，大船載來幾千籮；拿出一籮慢慢駁，駁到明年割早禾（稻）。」秀才以船載歌，逐書翻檢式的山歌唱法，三妹不以為然，又見此時聞風而來，要聽她唱山歌的人們愈來愈多，於是信心滿滿，立即回敬：「河滣（邊）洗衫劉三妹，勸君毋好逞歌才；自古山歌從（松）口出，那有山歌船載來。」客語「松」，「從」同音，「從口」即「松口」，「松口」即「從口」，比興修辭，一語雙關，天機妙理，適時適地配合得天衣無縫。正合古人所謂：詩歌為天地元音，人之性靈；不落痕跡，隨手而得。一時之間，秀才竟答不上來，正在翻書尋檢，困窘不堪，而這邊劉三妹卻已獲得如雷掌聲，立即乘勝追擊，唱道：「你歌那有俚歌多，隨口一唱七八籮；記得那年發大水，俚歌塞滿這條河。」如此即興而唱，脫口而出；又如此誇飾俏皮，生動活潑，實在

太可愛了。但對方卻一直沒有聲息，三妹只好催歌：「九斤雞公（公雞）你會啼，該你開口莫發呆；三條（首）去了無條轉，水涿（滴）戲棚會衰臺（倒楣）。」

　　河水清又清，河岸人擠人；三妹歌聲美，音響入行雲。從此，再也見不到秀才了。但三妹美妙歌聲因此名聞遐邇，騰播海內外，江西、廣東、四川以至臺灣各地，都流傳著三妹的故事。三妹的歌聲才情，為客家人津津樂道，佩服無已，當然，也幻化了無數的三妹，不論過年或工作，採茶或耕田，都要打扮劉三妹，引吭高歌，看那青山隱隱，河水悠悠；仙鶴翱翔，歌聲蕩漾，客家三妹與山歌，將一代一代地流傳下去。

附

錄

朱亥　南瓜　做田缺

　　所謂民間文學（含傳說、諺語等）就是口傳文學，在遼夐廣遠的土地上，在悠久綿緲的時間裡，口頭相傳，源源不絕的文學，就是民間文學，即是口頭相傳，說法自然容易歧異。同樣一句諺語，就有各種說法，如有人說：「雲遮中秋月，水打元宵夜」，也有人說：「朦朧中秋月，雨打花燈節」；又有人說：「朦朧中秋月，雨打下元宵」等，說法有異，意思則同，難謂那句才是正確。因此，有人以為客諺「正月雷鳴二月雪，三月無水做田缺，四月秧打結」中，第二句應做三月無水「過」田缺，而且沒有「四月秧打結」云云，這是忽略了諺語特性使然。

　　事實上，桃竹苗地區，以上這兩種說法都在民間流傳，各有其義，可以互補。無水過田缺，是指天旱，田中無水流過田缺，是一種表象的敘述；無水做田缺，則述及人事，指田中乾旱，水源缺乏，雖日日巡田卻無法做適當的田缺。因為，只有在水滿之時，怕秧苗受水淹之苦，才須檢查清理稻田缺口，使水流通，維持固定水位，以免氾濫，至於乾旱時，自然因無水做田缺而難過。四月秧打結，是指三月之旱以後的負面影響，造成四月秧苗枯萎憔悴，發育不良罷了。或許有些地方沒有「四月」之句，當亦不能無視這句諺語的存在才是，何況，也還有「正月雷鳴二月雪，三月無田耙，四月秧生節」以資佐證，句子也大同小異，可見，諺語是沒有標準答案的。

同樣，蔬果之名也是難以定於一的。也有讀者先進對拙作「七八月的王菩」提出指正：以為南瓜，作「黃瓠」而不是「王菩」。其實，南瓜的異名甚多，如金瓜、黃瓜、番瓜、倭瓜、窩瓜、紅南瓜、翻瓜、冬南瓜、北瓜、玉瓜、番菩（瓠）等，都是南瓜，原產中國，海陸客語稱為「王菩」，亦作「黃瓠」。王菩語出呂氏春秋孟夏紀：「蚯蚓出，王菩生」（農曆四月，蚯蚓在地裏鳴叫多時後，破土而出，王菩也正發芽生長開花），禮記月令作「王瓜」，鄭玄引月令作「王菩」，菩、菩、瓠音同，客語都讀為ㄆㄨ，至今客家人仍稱南瓜為「王菩」，此稱最慢當始於秦時，因此，南瓜稱為王菩當無疑義。

　　另外，也有人指出「朱亥不是秦國人」云云，其實，這本不是關鍵問題。因為，這只是傳說，以信傳信，以疑傳疑而已。蓋文學與史學終究不同，史學勿使失真，須明確考證，追根究柢，而文學則虛中有實，實中有虛，虛虛實實，難以論斷！如白居易長恨歌「楊家有女初長成」，其實楊女早已為壽王之妃；「峨眉山下少人行」，則明皇幸蜀，又何曾路過峨眉？三國中的東風豈可孔明借？火燒新野事本無！如此虛構，有違史實，也未讓長恨蒙塵，三國減價，實乃文學有異史學故也！何況，「虎生！」諺語，是民間文學，雖是虛實相生，也並非全無所據，「泰國大將朱亥」源自民間口傳及增廣賢文註解，朱亥在椎晉鄙、信陵君死後十餘年，魏為秦所併吞，朱亥如若未殉國，降秦為秦大將亦未必全無可能（或者杜撰演義）。因此，稱朱亥為「秦國大將」，並未否定其為魏國人的身分，好比原是「衛國人的商鞅」，大家都稱「秦國商鞅變法」一樣，於理於事於情，當無悖逆謬誤之處，實不必處處強調他們原是那一國人。而且這是民間的傳說，以「虎生猶可近，人熟不堪親」言，當時是否有如此成熟的句子，也是疑問！文學若不重真「情」而一一泥於史實，則孟姜女不再賺人熱淚，祝英臺不再感人肺腑矣！

至於諺語有其地域性，亦有其共通性，諺語流行於甲地，也可能流行於乙地，則不必言其非乙地諺語，否則，今日各地諺語，又將剩幾字幾詞？因為，今日臺灣諺語，許多亦見之於大陸，亦未曾質疑為非臺灣諺語，則客諺「虎生猶可近」句，早已口傳於客家族群，恐亦當作如是觀。

客語音標對照表

一、聲母

第一式	第二式	國際音標	羅馬拼音	漢語拼音	例　字
p	ㄅ	〔p〕	p	b	-a 巴霸-i 陂比-u 布補
ph	ㄆ	〔p′〕	ph	p	-a 划怕-i 被備-u 舖部
m	ㄇ	〔m〕	m	m	-a 馬麻-i 迷米-u 模墓
f	ㄈ	〔f〕	f	f	-a 花化-i/-ui 非-u 夫胡
v	万	〔v〕	v	v	-a 挖偎-i/-ui 畏-u 烏舞
t	ㄉ	〔t〕	t	d	-a 打○-i 知抵-u 都肚
th	ㄊ	〔t′〕	th	t	-a 他-i 第提-u 凸途
n	ㄋ	〔n〕	n	n	-a 拿那-i 尼膩-u 奴努
l	ㄌ	〔l〕	l	l	-a 拉罅-i 里梨-u 鹵路
k	ㄍ	〔k〕	k	g	-a 加價-i 居己-u 姑古
kh	ㄎ	〔k′〕	kh	k	-a 卡-i 企其-u 枯庫
ng	π	〔ŋ〕	ng	ng	-a 牙雅-i 議汝-oi 外呆
h	ㄏ	〔h〕	h	h	-a 哈暇-i 希許-o 耗好
c(i)	ㄐ	〔tɕ〕	ch(i)	j(i)	-a 借嗟-iu 酒縐-iab 接
ch(i)	ㄑ	〔tɕ〕	chh(i)	q(i)	-a 謝斜-iu 秋就-iab 妾婕
ng(i)	π丨	〔ɲ〕	ng(i)	ng(i)	-a 惹-iu 牛扭-ab 業
s(i)	ㄒ	〔ɕ〕	s(i)	x(i)	-a 邪寫-iu 秀修-ab 洩
z	ㄓ	〔ʧ〕	chi	zh	-a 遮者-i 紙製-u 豬煮
zh	ㄔ	〔ʧ′〕	chh	ch	-a 車址-i(ii) 癡齒-u 柱處
sh	ㄕ	〔ʃ〕	s	sh	-a 舍蛇-i(ii) 屍時-u 書薯
j	ㄖ	〔ʒ〕	j	r	-a 野也-i 衣椅-ong 養羊
c	ㄗ	〔ts〕	ch	z	-a 楂詐-i 擠濟-u 租祖
ch	ㄘ	〔ts′〕	chh	c	-a 差查-i 徐娶-u 粗楚
s	ㄙ	〔s〕	s	s	-a 砂儕-i 西四-u 蘇素
		〔Ø〕			-an 恁-en 恩-on 安

二、韻母

第一式	第二式	國際音	羅馬拼	漢語拼	例　字
ii	ㄗ	〔ï〕	ụ	ii	z-資子 c-次詞 s-私士
i	ㄧ	〔i〕	i	i	d-知帝 g-居佢 k 企其
e	ㄝ	〔e〕	e	e	m-姆 s-細 sh 勢
a	ㄚ	〔a〕	a	a	b-爸把 m-媽罵 zh-遮者瓦
o	ㄛ	〔o〕	o	o	g-哥高 s-嫂婦 d-多倒
u	ㄨ	〔u〕	u	u	d-都肚 t-涂度 f-呼腐
ie	ㄧㄝ	〔ie〕	ie	ie	g-計解 k-契 ng-蟻艾
eu	ㄝㄨ	〔eu〕	eu	eu	o-歐漚 d-斗鬥 h-侯候
ieu	ㄧㄝㄨ	〔ieu〕	ieu	ieu	g-鉤溝 k-箍扣 ng-偶藕
ia	ㄧㄚ	〔ia〕	ia	ia	t-蝶 z-嗟借 s-邪瀉
ua	ㄨㄚ	〔ua〕	ua	ua	g-瓜掛 k-誇 ng-瓦
ai	ㄞ	〔ai〕	ai	ai	z-栽載 c-蔡猜 s-曬徙
uai	ㄨㄞ	〔uai〕	uai	uai	g-乖怪 k-快
au	ㄠ	〔au〕	au	au	b-包豹 p-跑刨 m-矛貌
iau	ㄧㄠ	〔iau〕	iau	iau	o-枵 d-鳥弔 l-廖遼
io	ㄧㄛ	〔io〕	io	io	k-茄瘸 ng-蹂 h-靴
oi	ㄛㄧ	〔oi〕	oi	oi	b-背 p-賠倍 m-梅妹
ioi	ㄧㄛㄧ	〔ioi〕	ioi	ioi	c-脆
iu	ㄧㄨ	〔iu〕	iu	iu	d-丟 l-流柳 s-秀羞
ui	ㄨㄧ	〔ui〕	ui	ui	g-鬼貴 k-對追 l-類雷
ue	ㄨㄝ	〔ue〕	ue	ue	k-□
iim	(ㄗ)ㄇ	〔ïm〕	ụm	iim	z-斟枕 c-深沉 s-沈甚
im	ㄧㄇ	〔im〕	im	im	zh-斟 ch-深 sh-沈 z-浸 c-侵
em	ㄝㄇ	〔em〕	em	em	z-砧 c-岑 s-森蔘
iem	ㄧㄝㄇ	〔iem〕	iem	iem	g-□ k-□
am	ㄚㄇ	〔am〕	am	am	f-范凡 d-擔膽 l-藍覽
iam	ㄧㄚㄇ	〔iam〕	iam	iam	d-店點 尖佔 c-籤漸
iin	(ㄗ)n	〔ïn〕	ụn	iin	z-真蒸 c-秤稱 s-勝神
in	ㄧㄣ	〔in〕	in	in	zh-真 ch 稱 sh 申 d 鼎 t 定 l 令
en	ㄝㄣ	〔en〕	en	en	o-恩應 z-曾贈 d-丁等

第一式	第二式	國際音標	羅馬拼音	漢語拼音	例　字
ien	ㄧㄢ	〔ien〕	ien	ien	b-編扁 d-顛典 ng-願年
uen	ㄨㄝㄣ	〔uen〕	uen	uen	g-耿
an	ㄢ	〔an〕	an	an	b-班半 d-單旦 zh-甄戰
uan	ㄨㄢ	〔uan〕	uan	uan	g-關慣 k-款環 ng-頑玩
on	ㄛㄣ	〔on〕	on	on	-安鞍 p-飯 d-端短
ion	ㄧㄛㄣ	〔ion〕	ion	ion	ng-軟 c-全吮 l-連
un	ㄨㄣ	〔un〕	un	un	b-本笨 t-屯吞 z-俊
iun	ㄧㄨㄣ	〔iun〕	iun	iun	g-君僅 k-裙近 ng-忍韌
ang	ㄤ	〔aŋ〕	ang	ang	-盎 b-邦 d-頂
iang	ㄧㄤ	〔iaŋ〕	iang	iang	p-平病 c-青請 s-醒姓
uang	ㄨㄤ	〔unŋ〕	uang	uang	g-莖
ong	ㄛㄥ	〔oŋ〕	ong	ong	b-幫榜 d-當擋 r-養羊
iong	ㄧㄛㄥ	〔ioŋ〕	iong	iong	b-枋放 c-暢 s-箱像
ung	ㄨㄥ	〔uŋ〕	ung	ung	p-蜂縫 d-東董 s-雙送
iung	ㄧㄨㄥ	〔iuŋ〕	iung	iung	l-龍壟 c-松從 s-誦
iip	(ㄥ)ㄅ	〔ïp〕	iip	iib	z-汁執 s-濕十
ip	ㄧㄅ	〔ip〕	ip	ib	z-汁 sh-濕 l-立 g-急 k-及
ep	ㄝㄅ	〔ep〕	ep	eb	d-擲 z-撮 s-澀嗇
iep	ㄧㄝㄅ	〔iep〕	iep	ieb	g-激
ap	ㄚㄅ	〔ap〕	ap	ab	d-答 g-甲 h-合
iap	ㄧㄚㄅ	〔iap〕	iap	iab	t-帖 z-接 g-劫
iit	(ㄥ)ㄉ	〔(t〕	it	iid	z-質 c-直 s-食
it	ㄧㄉ	〔it〕	it	id	zh-質 ch-直 sh-食 b-筆滴
et	ㄝㄉ	〔et〕	et	ed	b-北 d-德 z-則
iet	ㄧㄝㄉ	〔iet〕	iet	ied	b-鱉 d-跌 s-雪
uet	ㄨㄝㄉ	〔uet〕	uet	ued	g-國
at	ㄚㄉ	〔at〕	at	ad	b-八 d-值 k-刻
uat	ㄨㄚㄉ	〔uat〕	uat	uad	g-刮括
ot	ㄛㄉ	〔ot〕	ot	od	b-發 t-脫 l-捋
iot	ㄧㄛㄉ	〔iot〕	iot	iod	z-嘬
ut	ㄨㄉ	〔ut〕	ut	ud	b-不 p-勃 m-沒
iut	ㄧㄨㄉ	〔iut〕	iut	iud	k-屈
ak	ㄚㄍ	〔ak〕	ak	ag	b-伯 t-糴緢 zh-隻

第一式	第二式	國際音標	羅馬拼音	漢語拼音	例　　字
iak	ㄧㄚㄍ	〔iak〕	iak	iag	b-壁 z-跡 s-錫
uak	ㄨㄚㄍ	〔uak〕	uak	uag	g-砝 k-楛
ok	ㄛㄍ	〔ok〕	ok	og	o-惡 b-博 g-各
iok	ㄧㄛㄍ	〔iok〕	iok	iog	p-縛 l-略 s-削
uk	ㄨㄍ	〔uk〕	uk	ug	b-卜 d-篤 g-谷
iuk	ㄧㄨㄍ	〔iuk〕	iuk	iug	l-陸 s-粟 ng-肉

三、成音節輔音

第一式	第二式	國際音標	羅馬拼音	漢語拼音	例　　字
m	ㄇ	〔m〕	m	m	唔（毋）
n	ㄣ	〔n〕	n	n	你
ng	ㄤ	〔ŋ〕	ng	ng	魚五

四、聲調

臺語音標(本書使用)		國際音標		羅馬音標		漢語音標	例字
調音	調類	調音	調號	調類	調號	調類	
陰平	1	(略)		1 ∧		1	青春交通村莊康當
上	2	(略)		3 ✓		3	統請可水穩守老早
陰去	3	(略)		4		4	唱壯看破放暢礦浸
陰入	4	(略)		6		5	德色國責織北出谷
陽平	5	(略)		2 ＼		2 —	紅洋堂祥情形尋林
陽去	7	(略)		7 ∘			象亮樣運動鄧淨靜
陽入	8	(略)		5 ∣		6	沒落末勺薄鑿俗讀

國家圖書館出版品預行編目資料

客諺一百首／何石松著.
--二版.--臺北市：五南，2003 [民92]
面；　公分.
ISBN 978-957-11-3265-5（平裝）
1.諺語－臺灣　　2.客家語
539.9232　　　　　　　92007092

1XL2　　客語教學叢書

客諺一百首

作　　者 － 何石松(49.2)

發 行 人 － 楊榮川

總 經 理 － 楊士清

副總編輯 － 黃惠娟

責任編輯 － 蔡佳伶

出 版 者 － 五南圖書出版股份有限公司

地　　址：106台北市大安區和平東路二段339號4樓

電　　話：(02)2705-5066　傳　　真：(02)2706-6100

網　　址：http://www.wunan.com.tw

電子郵件：wunan@wunan.com.tw

劃撥帳號：01068953

戶　　名：五南圖書出版股份有限公司

法律顧問　林勝安律師事務所　林勝安律師

出版日期　2001年 8 月初版一刷
　　　　　2001年12月初版二刷
　　　　　2003年 5 月二版一刷
　　　　　2018年 7 月二版五刷

定　　價　新臺幣350元